Falk Köhler

Wie ich in Bayern ein R. K. wurde

Köhler Falk

Wie ich in Bayern ein R. K. wurde

Band II

Projekte-
Verlag
Cornelius

Impressum

1. Auflage
© Projekte-Verlag Cornelius GmbH, Halle 2012 · www.projekte-verlag.de
Mitglied im Börsenverein des Deutschen Buchhandels

Satz und Druck: Buchfabrik Halle · www.buchfabrik-halle.de

ISBN   978-3-86237-729-9
Preis: 14,50 Euro

Inhalt

1. Psychosomatik

Als die NVA mich Oktober 1981 ins bürgerliche Leben entließ, waren die Statistiker traurig. Sie verbuchten den Unteroffizier Falk Geyer als Verlust. Ich sah meine Entlassung als Gewinn. Die Staatssicherheit betrachtete meinen Abgang sogar als Hauptgewinn. Erstens hatten sie Gewissheit, dass ihnen weiteres Ungemach in Kamenz erspart bleibt und zweitens sicherte ich ihnen Arbeitsplätze. Ich würde in Dresden unter Beobachtung bleiben. Dafür hatte ich Verständnis. Schließlich war ich ein öffentliches Ärgernis. Auch heute ist die Erregung öffentlichen Ärgernisses in Deutschland nach § 183 StGB eine Straftat. Da ich aber kein Exhibitionist war, erhielt ich keinen Freiheitsentzug oder keine Geldstrafe.

Trotzdem war ich vorsichtig. Ich kannte das Buch der Sprichwörter (hebräisch: Mischle). Das ist eine Weisheitsliteratur. Salomo soll dreitausend Sprüche aufgeschrieben haben. Im Neuen Testament der Bibel finden sich 35 Zitate, zwei davon lauten: »Hochmut kommt vor dem Fall« (16,18) und »Wer anderen eine Grube gräbt, fällt selbst hinein« (26, 27).

Zurück in Dresden kam die gesamte Last meiner Anstrengungen zu der Entlassung aus dem Kamenzer Wehrdienst zur Wirkung. Ich war nur oberflächlich frei wie ein Falke. Tief im Inneren war ich eingeschränkt flugtauglich. Ich nahm Spuren von psychischer Erschöpfung wahr. Heute spricht man von Burnout und Psychosomatik.

Burnout (engl.: ausbrennen) ist keine Krankheit mit eindeutigen diagnostischen Kriterien. Es ist der Endzustand einer Entwicklungslinie, die mit idealistischen Zielen beginnt, sich mit Durchsetzungsvermögen verwirklicht und zu reduzierter Leistungsfähigkeit führt.

Die Psychosomatik (altgr. Atem, Seele, Leib und Leben) kennt viele Redewendungen:

Es liegt etwas »schwer im Magen«, eine Sache geht »an die Nieren«, der Schreck »fährt in die Glieder« oder es ist eine »Laus über die Leber gelaufen«.

Bei mir interessierten sich die Ärzte für das Herz. Ein Mediziner diagnostizierte einen Sportlerschaden, ich wäre nicht richtig abtrainiert. Die zweite Meinung berief sich auf eine Verkürzung des Bindegewebes in der Brust (Angst führt zu flacher Atmung, Fehlhaltungen und ungenügende Kontraktion). Der Dritte sagte, ich würde zu intensiv in mich hineinhorchen und sollte mal zum Psychologen. Im Krankenhaus berieten sich die Doktoren, alle handwerklich begabt; sie wollten mir einen Herzschrittmacher einsetzen.

Weil das DDR-Gesundheitssystem verstaatlicht war und die Ärzte ihre Gehälter zentralistisch bezogen, konnte ich sicher sein, das keine privaten Interessen ihre Aussagen beeinflussten. Sie waren nur dem »Eid des Hippokrates« (um 460 bis 370 v. Chr.) verpflichtet, der als die erste grundlegende Formulierung einer ärztlichen Ethik gilt:

»In hoher Verpflichtung gegenüber der sozialistischen Gesellschaft und ihren Bürgern, eng verbunden mit der Deutschen Demokratischen Republik, gelobe ich …«

Nachdem ich wegen meiner Beschwerden so unterschiedlich bewertet wurde, interessierte ich mich für die Heilkunst. Mein simples Fazit:

Erstens: Um ein Medizinmann zu werden, reicht ein gutes Kurzzeitgedächtnis. Wer alle Prüfungen zum Titel Dr. med. bestanden hat, muss nicht automatisch zu etwas Besonderem taugen.

Zweitens: Ich bastelte mir meine eigene Vitalitätslehre, nach dem Motto: »Gesundheit definiert sich über die Fähigkeit zur Regeneration!« – »Wo ein Wille ist, ist ein Weg!« Und: »Jeder ruiniert sich nach bestem Wissen und Gewissen!«

Heute weiß ich, unsere »Heiler« sind ungesünder als die Normalbürger. Laut Statistik sind sie psychisch häufiger krank (Depressionen, Alkohol, Drogen und Medikamentenabhängigkeit). Zudem haben sie ein höheres Risiko zum Suizid, wobei vermutet wird, dass eine beträchtliche Anzahl von Selbstmorden nicht erfasst wird.

Gut, dass ich vor der Ärzteschaft geflüchtet bin, denn ein Herzschrittmacher stimuliert zwar regelmäßig die Kontraktion des Herzmuskels mit Hilfe von elektrischen Impulsen, aber hält nicht ewig. Darum hielt ich mich lieber an Sprichwörter: »Wer lang hustet, lebt lang« und Volksweisen wie: »Hunger ist der beste Koch«.

Auch meine Eltern hatten Probleme mit Psychosomatik. Als ich mit meinen Utensilien vor ihrer Wohnungstür stand, verfielen sie in Schreckstarre. Schreckstarre wird in der Verhaltensbiologie auch Totstellreflex genannt. Das ist ein Zustand völliger Bewegungsunfähigkeit. Meine Eltern verhielten sich wie Tiere unter plötzlich auftretender Stresssituation von Bedrohung. Sie sahen mich als einen Beutegreifer. Dieses Verhalten ist besonders im Tierreich zweckmäßig, da einige potenzielle Fressfeinde primär auf die Bewegung des Beutetieres reagieren. Ich wäre dazu aus mangelndem Kräftevermögen nicht in der Lage gewesen.

Als ich meine wenigen Habseligkeiten im Hobbyraum meiner Mutter ablegte, setzte kurze Zeit später bei mir der Scheintod ein. Scheintod (lat. Vita reducta oder Vita minima) heißt reduziertes beziehungsweise so geringes Leben, dass es unklar ist, ob einer noch lebt oder schon tot ist.

Demzufolge tangierte unser Zusammenleben die nonverbale Nulllinie. Als bei uns nach einigen Tagen keine Totenflecken auftreten wollten, begannen wir mit ersten Maßnahmen zur Wiederbelebung.

Mein Stiefvater sprach, dass er schon im vierzehnten Lebensjahr mit Lehrbeginn sein Elternhaus verlassen musste. Meine Mutter verwies auf meine Schwester, Kristin wäre ein großes Vorbild. Sie hatte in Leipzig den zehn Jahre älteren Roland Rädel geheiratet. Zum Roland gehörte aus erster Ehe der schulpflichtige Ricardo. Hoffentlich würde er kein kleiner Rädelsführer werden. Als wenig später den Rädels die Rita geboren wurde, war das der Lohn ihres Verantwortungsbewusstseins.

Sie meinten, was aus mir werden sollte, würde sich zeigen, aber: »Was du heute kannst besorgen, das verschiebe nicht auf morgen«, und: »Morgen, morgen, nur nicht heute, sagen alle faulen Leute.« Danach zog ich aus. Das hatte drei Gründe:

Erstens steht mein Name Falk, der Falke, in den Mythologien vieler Völker für Mut, scharfe Augen und ist deshalb ein Symbol für den Krieger. In russischen Märchen verwandeln sich die Helden gerne in Falken. Bei den Kelten stehen sie als Übermittler zwischen Diesseits und Jenseits. Zweitens sind Falken gut für Hoheitszeichen geeignet. Sie werden in den Wappen der Vereinigten Arabischen Emirate geführt – in Syrien, Kuwait, im Sudan und in Libyen. Drittens haben Falken stets 15 Halswirbel. Diese sind 180 Grad drehbar und zusammen mit der Augenstellung ergibt sich ihnen ein Blickfeld von 220 Grad. Deswegen hatte ich wahrscheinlich die Angela entdeckt.

Angela (lat. Bote, Engel und altpersisch der reitende Eilbote) passte zu mir. Engel sind Geistwesen, die in den Lehren des Judentums, der Christenheit und des Islams durch Gott geschaffen wurden und nur ihm untergeordnet sind. Im mythografischen Kulturgut Babyloniens sind Engel Mittler zwischen Gottheit und Welt. Bildliche Darstellungen zeigen Engel meist als geflügelte Wesen.

Angela hatte keine Flügel, davon hatte ich mich überzeugt. Dafür hatte sie über ihrem Bett ein Engelsbild. Das war mir seit der ersten Nacht vertraut. Es erinnerte mich an meine Zeit bei den Gräfenhainer Renndolfs. Meine Großeltern hatten ähnliches Geflügel über dem Ehebett.

Mein Entschluss zu Angela zu ziehen, beruhte auch darauf, dass die Ägypter und Slaven im Falken noch einen Bezug zu Sonne und Licht sahen. Engel sind nämlich auch immer Lichtgestalten und demnach würde unser Zusammensein eine Symbiose ergeben. Eine Symbiose (griech. zusammen sowie Leben) ist eine Vergesellschaftung von Individuen, die für beide Partner vorteilhaft ist. Darum haben wir später geheiratet.

2. Das Gebiss

Wie ich bei Angela in Pesterwitz mit meinem Besitz, der in einen 120-Liter-Plastiksack passte, vor der Haustür stand, lächelte sie mich engelsgleich an. Auf dem Arm trug sie die Liesel. Das war ein hübsches Kätzchen, geboren, als wir uns im Mai kennenlernten. Sie übergab mir das Tier und nahm die Blumen in Empfang.

Sie war nicht allein. Hinter ihr schlurfte mit schweren Schritten und in gebeugter Haltung der Großvater. Er peilte wegen zittriger Knie den Türrahmen an. Danach bemühte er sich, die Augen auf Sehschärfe zu stellen. Sein Kopf wackelte, wie so manches andere wegen multipler Leiden, die er bedingungslos akzeptierte. Als er mich erkannte, grummelte er zufrieden: »Ach so, der Junge, ja, ja, den kenne ich.« Seine greisen Finger nahmen sich den Rotwein. Er befühlte den Korken und das Etikett. Das war seit unserem Kennlerntag ein Ritual.

Als ich zu meinem 20. Geburtstag unangekündigt das erste Mal in Pesterwitz auftauchte, in der Wartezeit, als sich Angela zu unserem ersten Spaziergang umzog, ließ er mich nicht aus den Augen, beziehungsweise meine Flasche Rotwein. Weil er nicht redete, sondern nur die Pulle fixierte, übergab ich sie. Niemals danach schenkte mir jemand ein derart glückliches Lächeln. Es war diese spezielle Form von kindlicher Freude, wie sie nur im Endstadium des Alters gegeben ist, wo die Degeneration Windeln verträgt. Seitdem vertraute er mir.

Auch der Großvater war in Begleitung. Seinen Füßen folgte Liesels Mutter. Sie war die Chefkatze des Hauses und ebenfalls lahm. Praktischerweise hörten beide Katzen auf denselben Namen. Liesel ist nämlich die Verniedlichung von Liesbeth und Liesbeth war eine Huldigung an die verstorbene Großmutter Elisabeth. Der Großvater hatte sie vor Jahren schleichend dem Heiligen Geist überlassen müssen. Seitdem ging es mit ihm rasant bergab.

Der Winfried (althochdeutsch Freund, Frieden) war mir sympathisch. Weil der Alte Gegenseitigkeit bekundete, war ich willkommen. Meinen Namen konnte er sich nie merken. Er litt unter Demenz.

Eine Demenz (lat. ohne Geist, Verstand, abnehmend) ist eine starke Beeinträchtigung. Sie tritt häufig in Form der Alzheimer-Krankheit auf. Das Schöne daran war, dass der Winfried sich in diesem fortgeschrittenen Stadium befand, wo man selbst nicht viel davon bemerkte.

Unser Zusammenleben gestaltete sich harmonisch. Vielleicht verstand der Alte intuitiv, dass Falken keine Nester bauen. Die Brut findet in Nestern fremder Vogelarten statt oder in einfachen Mulden, Wänden und Bäumen. Das unterscheidet Falken von anderen Greifvögeln. Der Angela war mein Zugriff recht, dem Winfried auch.

Alle Katzen schnurrten. Sie hatten im Gegensatz zum Gräfenheiner Kater keinen Nachnamen. Die Angela hieß wie ihr Großvater Richter. Engel sind von Natur aus zum Richter nicht geeignet, aber der Winfried machte seinem Namen alle Ehre. Ein Richter (lat. rector, Leiter, Führer) ist Inhaber eines öffentlichen Amtes bei einem Gericht. Das Alter hatte den Großvater sehr friedlich gemacht, demnach war er ein Friedensrichter. Selbst wenn er früher ein Scharfrichter gewesen wäre, ich hätte es ihm verziehen.

Als wir den Winfried in der letzten Phase seines Lebens begleiteten, beschränkte sich sein Bewegungsradius aufs Erdgeschoss, Küche und Stube. Zur Haustür kam er selten, ebenso zum Klo. Das Bauamt hatte auf dem Dörflichen 1930 noch keine Wasserspülung verlangt, demzufolge roch es auch hier nach Fäkalien.

Seine Essenversorgung übernahmen die Pioniere von der Volkssolidarität.

Die Volkssolidarität wurde 1945 in der Sowjetischen Besatzungszone als Hilfsorganisation gegründet. Heute ist sie ein Spitzenverband der freien Wohlfahrtspflege. Die Mitglieder engagieren sich ehren- oder hauptamtlich.

Zur hiesigen Zeit stellten die Schüler aus unserem Dorf dem Winfried mittags pünktlich eine warme Mahlzeit auf die Veranda. Ein Klingeln war zwecklos. Er hatte längst kein Zeitgefühl mehr. Seine biologische Uhr tickte nicht mehr mit den Hühnern, die sich früh und abends in Regelmäßigkeit übten. Der Alte lebte in seiner eigenen Welt und war zufrieden.

Weil sein Zustand aber ein Mindestmaß an Aufsicht benötigte, erhielt Angela nach ihrer Ausbildung zur Unterstufenlehrerin vom Bildungsministerium eine Anstellung im nahe gelegenen Schulbezirk der 38. POS Dresden. Wenn Gela mittags von der Schule kam, half sie dem inkontinenten Mann zuerst aus dem Gröbsten und korrigierte danach die Hefte ihrer Schüler. Ab jetzt hatte sie mich zur Unterstützung.

Der Winfried hielt uns ganz schön auf Trab. Er hatte zwei Beschäftigungen. Sein größtes Hobby bestand in der ununterbrochenen Befeuerung der Öfen. Im Sommer streikten die Schornsteine. Das gefiel ihm nicht. Die Wände hatten bereits dicke Schwaden von Ruß aufgesaugt, er auch.

Zudem sorgte er sich ständig um sein Gebiss. Das gute Stück wurde permanent begutachtet. Danach legte er das Teil aus Versehen irgendwo ab und konnte es wegen seiner schlechten Augen nicht finden: »Wo war nochmal die Brille?« Er brabbelte ohne den Zahnersatz so schlecht, dass man kaum etwas verstand.

Wegen der Sucherei war er ständig im Stress. Durch diese Ablenkungen wusste er nie, ob die Öfen genügend Brennstoff hatten. Vorsichtshalber legte er pausenlos nach. Da er nicht lüftete, herrschten tropische Temperaturen. Dieses Klima, verbunden mit seinen zermürbenden Arbeiten, ermüdete ihn. So schlief er öfter wie im Märchen von Dornröschen mitten in seinen Tätigkeiten ein.

Eines Tages brach für Winfried die Welt zusammen. Heftige Weinkrämpfe schüttelten den zerbrechlichen Körper. Er hatte bereits sieben Schlaganfälle überlebt und nun das noch – weder das Gebiss, noch die Brille ließen sich finden. Nervlich war er am Ende. Die Brille fanden wir, die Prothese nicht. Zur Beruhigung gab es einen Schnaps. Viel Alkohol konnten wir ihm nicht zumuten, uns auch nicht. Wir suchten stundenlang. Die alte Katze war längst geflüchtet.

Ich filterte sogar die Aschekästen beider Öfen. Der Brennwert war auf wenig Glut reduziert. Viel Zeit war verstrichen. Zum Schluss stocherte ich draußen in der Mülltonne. Zwischen den verschiedenen Resten lagen überall große Berge von Asche. Zum Glück war November und der Geruch hielt sich in Grenzen.

Normalerweise getraute sich Winfried den Gang mit der Asche zur Tonne nicht zu. Er versicherte, diese Beschwerlichkeit nicht getätigt zu haben. Danach wollten wir aufgeben. Es fand sich keine Logik mehr. Das Erdgeschoss war spurentechnisch gesichert. Zur Beruhigung gab es noch einen Schnaps. Wir berieten eine letzte Maßnahme.

Ich erklärte mich bereit, die Aschetonne komplett zu leeren. Alle folgten mir. Selbst die alte Katze beobachtete von der Veranda das Treiben. Vor dem Müll stockte ich, ein jämmerlicher Anblick. Vor der radikalen Lösung des Umkippens stocherte ich hilflos mit einem Stöckchen in der Masse. Die Asche sackte mit der geringsten Vibration in untere Hohlräume. Plötzlich gab sich die Prothese zu erkennen. Welch ein Glück, wir hatten sprichwörtlich die Nadel im Heuhaufen gefunden.

Ich angelte und konnte das Mundwerk bergen. Unsere drei Gesichter hätte ich gern auf Film gehabt. Bei Angela und mir stellte sich ein Innehalten mit Ekel und fassungslosem Erstaunen dar. Beim Winfried war das anders. Er wurde zu einer zielstrebig handelnden Persönlichkeit. Schnell griff er sich vom Stöckchen den verkeimten Zahnersatz. Mit großer Entschlossenheit schob er sich das Gestell zum Gaumen. Diese Handlung duldete keinen Widerspruch. Wir hörten ein paar knirschende Geräusche und sahen wie sein Adamsapfel würgte, danach entspannte er sich.

So schnell, wie der Großvater nun ins Haus wollte, kamen wir kaum hinterher. Zufrieden verlangte er in der Küche nach einer warmen Mahlzeit. Angela war unwillig. »Aber nur unter einer Bedingung, vorher kochen wir das Gebiss ab!«

3. Integration

Die Adventszeit überlebten wir ohne Zwischenfälle. In Pesterwitz pustete ein rauer Wind. Der Ort liegt auf einer Anhöhe. Vom Grundstück gab es einen freien Blick über Dresden. Links waren die Radebeuler Elbhänge zu sehen, mittig die Vorläufer der Lausitz mit dem Königsbrücker Keulenberg und rechts zeichnete sich das einzigartige Felsgestein der Sächsischen Schweiz in den Horizont. Von einigen Aussichtspunkten der Ortschaft ist auch das Erzgebirge zu bewundern. So ein schöner Rundblick birgt Nachteile. Beim Fahrradfahren ergab das nämlich einen gehörigen Verschleiß: bergab bei den Bremsbelägen, bergan in den Knien.

Wir gingen demnach zu Fuß. Sehenswert sind das Weinbergschlösschen Jochhöh, was lange Zeit als Alten- und Pflegeheim diente. Auf dem Friedhof liegt die Kapelle der Familie des Grafen Felix von Luckner, der als »Seeteufel« Geschichte schrieb. Um den Burgwartsberg ranken sich mehrere Sagen. In grauer Vorzeit wäre hier eine mit starken Waffen geschützte Burg gewesen, wo im Inneren des Berges riesige Schätze lagerten. Schatzsucher haben im vergangenen Jahrhundert versucht, unter dem Plateau einen Stollen zu graben, leider vergeblich.

Heute sind viele Aussichten passé. Mit der Wiedervereinigung benötigten die Bediensteten des Freistaates Wohnraum. Der damalige Ministerpräsident Kurt Biedenkopf ortete die freie Fläche vor unserem Grundstück als attraktiv und reservierte sie zur Bebauung. Es entstand das »Beamtenviertel«. Weil jeder Mensch gern Geld spart, gehört Pesterwitz nach einem Bürgerentscheid mittlerweile nicht mehr zu Dresden, sondern zu Dippoldiswalde.

Insgesamt entwickelte sich die Gemeinde zum Vorteil. Noch heute bestehen gute Busverbindungen und öffentliche Einrichtungen von Bildung, Kultur und Sport. Das Pesterwitzer Wappen verweist auf die Einnahmequellen des Ortes: eine Weintraube und ein Schlägel. Zum Hauptwirtschaftszweig wurde der Obstanbau, vorrangig Äpfel.

Der Bergbau ruht seit dem 19. Jahrhundert. Er hat sich jedoch auf unserem Grundstück verewigt. Einhundertzwanzig Meter unter der Erde befindet sich der »Tiefe Elbstolln«. Er wurde 1817 bis 1837 angelegt. Auf diesem 6,5 Kilometer langen Stollen sollte Kohle aus den Bergwerken per Schiff zur Elbe transportiert werden. Als der »Tiefe Elbstolln« durch die Entwicklung der Eisenbahn an Bedeutung verlor, kam auch für den Großvater das Ende.

Der Winfried hatte mit 82 Jahren seinen neunten Schlaganfall nicht überlebt. Zum Glück starb er in seinen vier Wänden. Die Katze Liesbeth, die nur Kontakt mit dem Großvater akzeptierte, war gerade außer Haus. Als sie kam, umrundete sie den leblos auf dem Fußboden liegenden Körper ein einziges Mal. Im Anschluss verließ sie uns und wurde nie wieder gesichtet.

Unsere Liesel entwickelte sich prächtig. Ihre Gewöhnung an uns war einzigartig. Sie hatte ihre Krallen nur zur Zierde und probierte gern menschliche Kost, Gurke und Cola. Zudem begleitete sie uns bei Spaziergängen im Dorf. Hier bedurfte sie pädagogischer Grenzen. Wir erlaubten ihr nicht, in den Bus zu steigen.

Geduldig wartete sie in der Veranda. Das Haus war mit Klinkern verblendet. Dieser Name fand sich, weil beim Zusammenschlagen zweier Steine ein hoher Klang entsteht. Diese Ziegel nehmen kaum Wasser auf und sind widerstandsfähig. Sie waren im »Reichsformat« von 1872 gefertigt: 25cm×12cm×6,5cm. Durch diese Grundfläche und einen Zentimeter Mörtelfuge, konnten alle Bauten in Ein-Achtel-Meter-Einheiten gerastert werden. Später wurden alle anderen Maße, wie zum Beispiel Fenster und Türen, darauf abgestimmt.

Da Pesterwitz höher als Dresden liegt und Städte immer größere Energiespeicher sind, bestand trotz geringer Entfernung eine konstante Temperaturdifferenz von zwei Grad. Der Winfried hatte das beim Bau berücksichtigt. Der Ziegelverbund war so gewählt, dass zwischen den harten Klinkern außen und den weichen Lehmziegeln innen ein Luftspalt verblieb. Die Temperaturen zwischen Innen- und Außenwand konnten trotzdem nicht ausgeglichen werden. Im Winter glitzerten der Treppenaufgang und das Klo frostig. Das Erdgeschoss stand bis zum Frühling leer. Bei milderen Temperaturen malerte Angela die Räume. Jetzt roch es nicht mehr wie zu Winfrieds Zeiten.

Wir bewohnten das obere Stockwerk. Die Räume waren wie unten, nur statt der Toilette stand eine Abstellkammer zur Verfügung. Angela begutachtete mein textiles Hab und Gut sehr kritisch, ich auch. Sie entschloss sich, alles in die Mülltonne zu geben. Das war mir recht. Mit dem Geld von der NVA wurde ich komplett eingekleidet, neue Jeans nebst »Parka« mit Kapuze.

Der »Parka« wurde in der US-Armee und von der Bundeswehr als Winterbekleidung getragen. Ich setzte damit ein äußeres Zeichen meiner inneren Grundeinstellung, alias »Mods« im The-Who-Klassiker »Quadrophenia«. Die bekanntesten Vertreter der »Mods«, aus dem Englischen von Modernist abgeleitet, sind die Superstars David Bowie, Rod Stewart und die 2011 verstorbene Sängerin Amy Winehouse.

So gekleidet erschien ich auf meiner ehemaligen Arbeitsstelle am Flughafen Dresden in der Halle 218. Das sozialistische Kollektiv »Klement Gottwald« empfing mich diskret, als wäre ich nie weggewesen. Die Kollegen waren immer noch dieselben, nur bezog sich ihre lustige Grundstimmung jetzt auf neutrale Themen. Keiner der mir so angenehm in Erinnerung gebliebenen Rentnertruppe sprach je ein Wort über meine durch die NVA bedingte Fehlzeit, ich auch nicht. Als hätten sie dafür gesorgt, war in der ganzen Halle meine Vergangenheit tabu. Etwas leiser war ich geworden, brauchte Ruhe und vielleicht merkten sie mir das an.

Der Meister Rudi Runkel schonte mich. Er übertrug mir leichte Tätigkeiten. Der alte Detlef Dietel musste beim Lachen wegen seiner Prostata anbei immer noch prüfen, ob was in die Hose gegangen war. Er rief nach wie vor zur Verstärkung seines Gedächtnisses den Hansi zu sich: »Hansi, komm ran, wie war das gleich, erzähl das mal den Burschen!«

Der Hansi wackelte mit seinem Tremor zu uns und klagte zuerst über sein neues Leiden. Ein Tinnitus hatte sich zu seiner beginnenden Demenz gesellt. Er wurde vergesslicher. Darum schweifte er gern vom Thema ab und redete lieber vom Krieg. Das lag daran, dass er einzig seinem Langzeitgedächtnis vertraute. »Ja, ja, das waren früher schwere Zeiten, schwere Zeiten waren das, mein Junge, gut dass du wieder da bist!«

Der Ebert war weiterhin der inoffizielle Boss, immer noch bedächtig, betont leise mit nachsichtigem Lächeln und zum Schluss mit abwinkender Geste: »Ja, ja, ich hab euch ja gleich gesagt, der Junge wird schon sein Ding machen! Da mach ich mir eher Sorgen um euch! Lasst ihn Ruhe, der ist nicht umsonst wieder bei uns!«

Wie in meiner Lehrzeit begann ich wieder aktiv Fußball zu spielen. Im Verein griff keiner in meiner Gegenwart das Thema NVA auf. Ich wurde einbezogen, als wäre ich von einer langwierigen Verletzung geplagt gewesen und bedurfte noch medizinischer Rehabilitation.

Mein Trainer nahm mich trotz des Trainingsrückstands in den ersten Kaderkreis. Während der Spiele musste ich nie auf die Ersatzbank. Normalerweise interessierte sich Angela nicht für Fußball. Sie ist nur einmal mit in den Mannschaftsbus gestiegen. Das wurde zu einem Höhepunkt.

Wir fuhren zu Fortschritt Neustadt. Diesen Verein kannte damals die halbe DDR. Das lag daran, dass hier der Peter Kotte spielte. Er war mit Dynamo Dresden dreimal Meister, einmal Pokalsieger und 21-facher DDR-Nationalspieler.

Dass Peter Kotte nun bei Fortschritt Neustadt spielte, war tragisch. Anfang des Jahres, als er mit der Nationalmannschaft auf eine Südamerikatournee gehen sollte, wurde Kotte mit den Dresdner Mannschaftskollegen Matthias Müller und Gerd Weber auf dem Flughafen Schönefeld wegen versuchter Republikflucht verhaftet. Weber kam für Jahre ins Zuchthaus, Müller und Kotte erhielten wegen Mitwisserschaft lebenslang eine Sperre für den Profibereich.

In der Umkleidekabine erklärte der Trainer unsere Taktik. Dass mir der Peter Kotte zugeteilt wurde, verstand ich wegen meines Trainingsrückstands nicht. Meinen Mitspielern erschien das logisch. Ich nahm diese Ehrung an. Dabei lernte ich den Peter persönlich kennen. Zuerst schien er noch von seinem Stasikontakt deprimiert zu sein, ich schoss zwei Tore. Danach bekam ich Kottes Siegeswillen zu spüren.

Nach einem Pressschlag trugen mich die Sanitäter vom Platz. Ich hatte große Schmerzen. Der rechte Meniskus wollte, dass ich pausierte. Anfangs waren alle um mich besorgt. Die Angela bibberte am meisten. Bei meinem Trainer hielt sich das nicht lange. Wir hatten gewonnen und er meinte, die Gela sollte ab sofort immer dabei sein, denn sie wäre ein Glücksbringer.

Mein Fußballverein hatte große Pläne, auch mit mir. Ich sollte auf meiner Arbeitsstelle ein Dokument vorlegen, eine Freistellung der Sportförderung für intensiveres Training. Danach wäre aus mir ein Kurzzeitarbeiter geworden.

Das verhinderte der Herr Hilmer. Mein ehemaliger Klassenleiter und Direktor der Berufsschule kreuzte meinen Weg: »Na Falk, da bist du ja wieder! Wo arbeitest du jetzt? In der Halle 218? Willst du als Lehrmeister an die BBS kommen? Du müsstest nebenbei ein Studium zum Ingenieurpädagogen absolvieren, ich könnte das klären! Der Herr Gäduld kann dich einarbeiten, der betreut die Abiturklassen und übrigens wird das gut bezahlt, 1250 Mark, wäre das was? Du fängst am ersten Juni an, da hast du bis Schuljahresbeginn zum ersten September genügend Vorbereitungszeit, einverstanden?«

Ich wunderte mich, dass Herr Hilmer keine Frage zu meiner vorzeitigen NVA-Entlassung stellte. Das Gehalt war fürstlich, ich stimmte zu. In der Lehrwerkstatt wurde ich erstaunt, aber kommentarlos aufgenommen. An meinem Schreibtisch im Büro sahen mich meine ehemaligen Ausbilder fleißig in der Fachliteratur vertieft. Mir wurde klar, die Lehrlinge waren nur fünf Jahre jünger, zudem Abiturienten, da lag einiges an Wissenserwerb vor mir. Dazu benötigte ich didaktische und methodische Unterrichtsvorbereitungen. Auf Folien übertrug ich das Wissenswerte aus den Fertigungstechniken Metall.

4. Ingenieurpädagogik

Mein externes Studium zum Ingenieurpädagogen verlief parallel. Jeden Freitag bekam ich den Status eines Studenten. Nach einem vollen Stundenplan brummten uns die Köpfe. Anschließend wurden wir mit einer schier unmöglichen Menge von Hausaufgaben ins Selbststudium entlassen. Von 1982 bis 1987 waren 27 Lehrgebiete zu absolvieren. Die BRD hat dieses Ausbildungsprofil nicht übernommen. Als Terminus übrig geblieben ist die »Internationale Gesellschaft für Ingenieurpädagogik«. Sie gründete sich 1972 in Klagenfurt/Österreich. Mittlerweile ist daraus das größte internationale Netzwerk von Hochschulen entstanden. Die »IGIP« hat Mitglieder in 72 Ländern und einen Beraterstatus bei der UNESCO.

Bevor mein Arbeitsvertrag die Bezeichnung »Ingenieurpädagoge« auswies, wurde ich als Lehrmeister tituliert. Im ersten Jahr übernahm Herr Gäduld die Klassenleitung der MA 82 (Maschinen- und Anlagenmonteure mit Abitur) und ich begleitete ihn.

Die BmA – Berufsausbildung mit Abitur – war ein dreijähriger Bildungsweg, der für seine Qualität bekannt und begehrt war. Nur fünf Prozent der Schüler eines Jahrgangs, alles potentielle Studenten, erhielten diese Chance. Oft kamen die Lehrlinge aus dem gesamten Land. Die Unterbringung erfolgte auch in betriebseigenen Lehrlingswohnheimen.

Mit der Wiedervereinigung verschwand die BmA zusehends. Mittlerweile haben jedoch einige Bundesländer dieses Gedankengut übernommen. In unserer Hauptstadt haben die Telekom und das Oberstufenzentrum Informations- und Medizintechnik Berlin-Neukölln dieses Konzept etabliert.

Mein Betrieb, der VEB Zentrum für Forschung und Techno-
logie Mikroelektronik (ZFTM), galt in den 1980er Jahren als
Herzstück der DDR-Forschung. Aus dem ZFTM mit ehemals
1550 Angestellten ist heute das Zentrum Mikroelektronik Dresden geworden. Diese Firma hat etwa 280 Beschäftigte, davon 160
Ingenieure. Sie ist u. a. in den USA, im Taiwan, in Japan und
Frankreich aktiv und fokussiert auf energieeffiziente Lösungen.

Energieeffiziente Lösungen benötigte ich auch. Mein Beruf und
das Studium wollten sich nicht als Selbstläufer erweisen. Zum
Glück lernte ich den Holger kennen. Das geschah zum Studi-
enauftakt. Nach der obligatorischen Festrede – der Akt fand im
Armeemuseum der NVA statt – wurde ein Rundgang angedroht.
Holger und ich flüchteten in das hiesige Restaurant. Bei einer
Zigarette fragte er mich, warum ich studiere:»Na komm schon,
du musst doch wissen, was dein Traumjob wäre!«

Holger drängelte und versprach, verrückter als er könne ich
nicht sein. Mich als Hochstapler identifizierend gab ich als
Traumjob Schuldirektor an. Er lachte über meine Bescheidenheit.
Den Kaffee behielt er dabei nicht im Mund. Die Kellnerin war
neugierig, ob die Tischdecke noch zu verwenden wäre. Danach
erklärte er seine Zukunft. Er sah sich als Minister, ich glaubte ihm.

Der Holger war meine erste Bekanntschaft mit einem Genie.
Nachdem er mit der EOS – Erweiterte Oberschule –die Hoch-
schulreife erworben hatte, war er vier Jahre als »Offizier auf Zeit«
im Dienstgrad Unterleutnant bei der NVA. An unserer BBS
hatte Holger ein Büro in der Chefetage und war ein leitender
Angestellter. Genies müssen nichts lernen, sie bringen es einfach.
Wenn ich mal im Studium nichts kapierte, half er mir auf die
Sprünge. Er meinte:»Je doofer ich wäre, desto besser, da müsse
er sich beim Erklären anstrengen.«

Mein zweites Genie fand ich in meiner Klasse MA 83. Warum
die Claudia sich am Schraubstock mühte, verstand ich nicht. Sie
eignete sich gerade die siebente Sprache an. Zu Russisch, Englisch,

Französisch und Spanisch lernte sie Chinesisch, Arabisch und Japanisch. Dazu benutzte sie unter anderem unsere Volkshochschule. Die Zuzahlung für Lehrgänge betrug drei Mark jeweils für 20 Stunden.

In meiner MA 83 war noch ein Genie. Dass der Markus mich als Chef akzeptierte, rechnete ich ihm hoch an. Er wollte Mathematiker werden und sah die Lehre als Zwischenstation. Die technischen Probleme des veralteten Maschinenparks hatte er besser im Griff als ich. Der Hochbegabte produzierte nie Ausschuss und bekam durchweg die Note Eins. Zudem konzentrierte er sich nicht nur auf seine ausgeleierte Maschine, sondern half seinen Mitschülern. Das entlastete mich. Bei einer Klassenstärke von dreißig Lehrlingen war Logistik gefordert.

Dafür revanchierte ich mich bei ihm. Das geschah, als ich mit den Jungs an die Ostsee fuhr. Unser Betriebsferienheim benötigte billige Arbeitskräfte. Ich willigte ein, dass nach dem Tageswerk die hiesige Disko besucht werden durfte, ich war die Aufsichtskraft. Die Jungs informierten mich, der intellektuelle Markus wäre bei ein paar Besoffenen angeeckt. Nun wären alle Sachsen im Club nicht willkommen, sie gehörten verprügelt und rausgeschmissen. Bis jetzt wäre noch nichts geschehen, weil sie mich angekündigt hätten. Ihr Anführer würde bereits auf mich warten.

Ich wurde zur Bar geführt. Der Boss war ein Schwergewicht und machte ein Gesicht, als wäre ich ein Witz. Ungläubig schaute er mich an. Er sah wild und entschlossen aus wie Michael Gerard Tyson, nur in europäischer Version. Tyson war mit 20 Jahren der jüngste Boxer, der im Schwergewicht einen Weltmeistertitel holte und der erste Weltmeister, der gleichzeitig von drei Boxverbänden (WBC, WBA, IBF) anerkannt wurde. Neben dem Boss standen die Bodyguards in Gestalt der Brüder Vitali und Wladimir Klitschko. Sie hatten den Markus in Gewahrsam.

Meine Lehrlinge hatten mich allein gelassen. Ich wusste nicht, wie ich das klären sollte. Die Clique roch gewaltig nach Alkohol, ich nicht. Die Leibwächter zogen sich grinsend mit meinem angehenden Akademiker zurück. Ich stand auf verlorenem Posten. Der Tyson zog die Augenbrauen hoch und wendete sich ab. Auf dem Ärmel seiner Jeansjacke war das Erkennungszeichen des Fußballvereins Hansa Rostock. Das Piktogramm war die Kogge. Das ist ein Segelschiff der Hanse. Hansa Rostock war mit Gerd Kische in der Nationalmannschaft vertreten. Joachim Streich, Rekordspieler der DDR, stammte von hier. In der DDR bestand eine innerdeutsche Rivalität zum Stasi-Club BFC Dynamo Berlin. Dem BFC konnte maximal Dynamo Dresden Paroli bieten. Das machte ich mir zu Nutze.

»Ich habe gehört, ihr habt Ärger mit meinen Leuten?« Er schaute demonstrativ weg, ich nicht.

»Das dürft ihr nicht tragisch nehmen! Das ist nicht schlimm! Weißt du, das sind alles nur Lehrlinge! Wir flicken am Betriebsferienheim rum und kommen aus Dresden. Du musst das so sehen: Die Jungs sind alles echte Dynamo-Fans. Egal, ob der Markus ein bisschen den Professor spielt, der kann nichts dafür, das ist ein Oberschlauer. Wichtig ist, dass wir alle gegen den BFC zusammenhalten. Gegen die müssen wir unsere Kräfte bündeln! Das machen wir in Sachsen auch so. Meinst du nicht auch?«

Während ich redete, entspannte sich der Boss. Auch die »Klitschkos« hatten bei Markus die Verwahrung gelockert. Das machte mir Mut. Ich deutete bei dem weißhäutigen Tyson auf sein Piktogramm. »He, ich seh' doch hier die Kogge, komm wir stoßen darauf an! Sage deinen Leuten, meine Burschen sind zarte Abiturienten, die rücken 22 Uhr ein, sonst können die früh nicht zupacken!«

Das schien dem Boss zu gefallen. Er löste seine Zunge: »Scheiß BFC, Hamburg musst du sehen! Ihr lebt doch dort unten im ‚Tal der Ahnungslosen' und habt kein Westfernsehen!«

Ich stimmte zu und konterte. Sportlich war der Hamburger SV zum Hauptkontrahenten von Bayern München geworden. Mit den Spielern um Felix Magath strebte man nach 1982 und 1983 den Titelhattrick an.

Er hörte mir zu und ich bestellte mir ein Bier.

»Wir Sachsen vertragen keinen Schnaps! Weißt du, wir sind keine Störtebekers! Lass uns anstoßen!«

Der Tyson nickte.

»Ja, ja, der Störtebeker!«, und rief zur Bar: »Jonny, schieb ein Bier rüber!«

Das war für alle das Zeichen des Friedens.

Klaus Störtebeker († 1401) war der bekannteste Seeräuber der Ostsee. Der Legende nach soll er ausgehandelt haben, dass all jene Männer überleben durften, an denen er nach seiner Enthauptung vorbeizugehen vermochte. Der Geköpfte schritt an elf Männern vorbei, bevor ihm der Henker ein Bein stellte. Der Bürgermeister brach jedoch sein Versprechen und alle 73 Seeräuber wurden enthauptet.

Zweimal versagte ich total. In meiner Klasse waren Schüler, die hatten ihre BmA nur bekommen, weil der NVA eine Verpflichtung für 25 Jahre vorlag. Die Offizierslaufbahn benötigte ein Abitur. Kognitiv waren sie ihren Mitschülern unterlegen.

Den Jens kontrollierte ich einmal nicht genug. Das Fazit waren 40 Motorblöcke mit 12 Gewindegrößen M4, wo die Qualität nicht stimmte. Ich überarbeitete die Teile samstags. Herr Gäduld leitete mich an. Mittels gezieltem Schlag mit dem Hammer auf eine passende Eisenkugel stauchten wir den Gewindeeingang. Das Material bestand aus einer Aluminiumlegierung und gab bereitwillig nach.

Der Jens und ich trugen aber nur zum Teil Schuld. Dass unsere Gewindebohrer versagen mussten, war logisch. Jeder Motorblock kam nämlich mit derartigen inneren Verwerfungen in der Struktur, dass die Gewindebohrer nie wussten, welche Verunreinigungen in welchen Ebenen gerade vorlagen.

Zu unserem Glück waren nur Korrekturen im Tausendstel-Millimeter-Bereich notwendig. Jeder Schraube M4 wäre das egal gewesen, ein straffer Sitz war prinzipiell gegeben. Das Kriterium der Qualität bestimmten aber die Gewindelehrstifte. Auch diese genormten Teile hatten Abweichungen. Wir fanden einen Günstigen. Am Montag segneten die Ingenieure von der Güterkontrolle unseren Pfusch ab.

Bei meinem Ulf passierte mir auch ein Fehler. Die Sachlage war umgekehrt. Er bemühte sich unendlich, aber es fehlte ihm an handwerklichem Geschick. Ich sehe noch heute sein enttäuschtes Gesicht, als ich ihm einmal die Note Drei verpasste, was nicht hätte sein müssen. Die Drei entsprach zwar voll der Norm, aber nicht seiner Anstrengungsbereitschaft. Eine Zwei hätte keinem geschadet. Mit besserem pädagogischen Fingerspitzengefühl kann man daraus lernen, dass sprichwörtlich nicht alles über einen Kamm zu scheren ist.

Das traurigste Erlebnis meiner Berufsschulkarriere ereignete sich, als ich die Elektroniker des zweiten Lehrjahres in ihrer »Ausbildung am Arbeitsplatz« betreute. Die DDR arbeitete intensiv an der Entwicklung des ersten Ein-Megabit-Speicherchips. Ein Kollektiv wurde 1988 mit dem Nationalpreis geehrt. Mein Johannes beendete hier seine Berufsausbildung mit 1,0 Notendurchschnitt. Dafür hätte er die »Lessing-Medaille« verdient. Das war eine Auszeichnung in besonderer Anerkennung für ausgezeichnete Leistungen und sehr gute gesellschaftliche und außerunterrichtliche Arbeit. Die Kandidaten wurden vom Schuldirektor und Kreisschulrat vorgeschlagen und über das Ministerium für Volkbildung bestätigt.

Diese Auszeichnung blieb dem Johannes verwehrt, denn er war »Zeuge Jehovas«.

Die »Zeugen Jehovas« sind auch unter dem Namen »Bibelforscher« bekannt. Als Religionsgemeinschaft stützen sie sich in ihrer Eigenbezeichnung auf Jes. 43,10-12 EU. Ihr Glaubensbekenntnis verbietet den Wehrdienst. Bis 1987 sind ca. 2750 Personen zu Haftstrafen verurteilt worden.

In der DDR erreichte der Ein-Megabit-Chip U61000 bis 1990 keine Serienfertigung. Das wäre vermeidbar gewesen. Die Staatssicherheit wusste nicht, dass auch »Zeugen Jehovas« gute Entwicklungsingenieure sein können.

5. Das Bananendrama

Im Wehrdienstgesetz der DDR war für die Jugend eine Teilnahme an der VMA – vormilitärische Ausbildung – verankert. Demzufolge unterlagen alle Berufsschulen dieser Pflicht. Wer sich entzog, erhielt keinen Zugang zum Studium und manche Berufsausbildung wurde erschwert.

Die Leitung unserer BBS war dual. Den unterrichtstheoretischen Bereich leitete mein Förderer Herr Hilmer. Den Sektor der unterrichtspraktischen Bildung führte Herr Zastrow. Weil Herr Zastrow gleichzeitig ein Kommandeur der Kampfgruppen war, konnte er nicht verstehen, wieso Herr Hilmer mich, den subversiven Verräter der NVA, an die BBS geholt hatte. Deshalb durfte ich kein Mitglied der Kampfgruppen werden.

Die Kampfgruppen alias Betriebskampfgruppen oder Kampfgruppen der Arbeiterklasse waren Organisationen im Sinne von Kombattanten. Kombattanten sind nach der Haagener Landkriegsordnung (HLKO) und der Genfer Konvention Angehörige mit und ohne Kampfauftrag. Auch Freiwilligenkorps, paramilitärische Einheiten, Guerillakämpfer, irreguläre Truppen und zivile Aufständische können den Kombattantenstatus erhalten.

Die Mitglieder der DDR-Kampfgruppen waren in ihrem Gelöbnis »zur Verteidigung der Errungenschaften des Arbeiter- und Bauernstaates mit der Waffe in der Hand« eingeschworen. Sie trafen sich mehrmals im Jahr zu militärischen Übungen. Hier trugen sie Uniformen mit Rangabzeichen. Zuzüglich der Reserve waren theoretisch 210.000 Kämpfer verfügbar. Ihre Bewaffnung bestand aus Maschinenpistolen und -gewehren, Flugabwehrkanonen und leichten Schützenpanzern. Als Anerkennung wurde ihre Altersrente mit einem Zuschlag von 100 Mark der DDR bedacht. Sie gehörten zu den Führungskräften des Staates und besetzten beruflich verantwortungsvolle Posten.

Demnach oblag Herrn Zastrow die Verantwortung zur Durchführung unserer VMA. Unter seiner Regie, pro Jahr eine Woche, organisierte sich das Lagerleben. Sichtlich zufrieden trug er seine schlabbrige Uniform mit dem Rangabzeichen eines Kommandeurs und wartete auf seinen Auftritt.

Die Lehrlinge wurden per Zug in die Sächsische Schweiz nach Schöna transportiert. Ich fuhr mit dem Moped. Als Lehrmeister der MA 83 erhielt ich den Dienstrang eines Zugführers.

Die Eröffnung des Lagerwesens würde mittels Fahnenappell im Karree formiert erfolgen: Maschinen-und Anlagenmonteure mit und ohne Abitur, Flugzeugmechaniker und Zerspaner.

Weil ich das schon kannte, lotste ich meine Lehrlinge vorher an einen sicheren Ort. Im Wald ließ ich rasten, gestattete das Rauchen und hob die Hände, als wäre ich ein Hypnotiseur.

»Hört mal zu Jungs, es ist fünf Jahre her, dass ich wie ihr in dieses VMA-Lager musste. Der Herr Zastrow war da ebenfalls Kommandeur. Das Programm hat sich nicht geändert. Ich nehme an, dass ihr was Besseres tun würdet, als in diesen Klamotten rumzulaufen! Wir haben zwei Möglichkeiten, entweder wir stehen im Dauerstress, weil jeder merkt, dass es euch nicht gefällt, dann mach ich mich auch zum Kasper, oder wir machen einen Deal.«

Ich sah in erwartungsvolle Gesichter.

»Passt auf, wir machen was die wollen, aber bitte etwas exakter! Wenn die nämlich sehen, dass bei uns alles perfekt ist, lassen sie uns in Ruhe! Beim Fahnenappell und sonstwo in Sichtweite reißt ihr euch zusammen! Ihr werdet exerzieren, als würde es Spaß machen! Meine Aufgabe ist, dass ich klare Kommandos gebe und sobald ich eine Chance sehe, verdünnisieren wir uns! Wollen wir das so machen?«

Ich bekam eindeutige Signale, dass die Idee gut wäre, und musste beschwichtigen:

»Jungs macht mal ruhig, das ist kein Spiel! Es gibt Leute, die stehen auf VMA, da müsst ihr euch nur den Herrn Zastrow ansehen!«

Einige nickten, ich legte vor:

»Wenn es nach dem Herr Zastrow ginge, würde er sich umbenennen lassen, nämlich in Herr Castro, also Fidel Castro!«

Mein Unterhaltungswert stieg.

»Von mir aus könnt ihr ihn Filizitas oder Friedrich den Großen nennen, das ist mir egal, aber es muss unter uns bleiben!«

Weil einige Faxen machten und Gelächter einsetzte, sorgte ich für Ordnung.

»Halt, nee, nee, ihr habt einen Denkfehler! Der Mann trinkt mit euch kein Bier! Wenn er will, macht der jeden zur Schnecke! So wie wir momentan in Erscheinung treten, funktioniert das nicht! Ihr seht aus wie ein Sauhaufen!«

Sie begutachteten sich, ich mahnte:

»Hört auf an euch rumzufummeln! Ab sofort gilt:

1. Kleiderordnung wird eingehalten!

2. Disziplin wo nötig!

3. Ihr seid Abiturienten, da ist man ein bisschen schlauer als die anderen, stimmt das?«

Das bestätigten sie. Ich hob den Zeigefinger.

»Schnellkurs, zuhören, ihr müsst wissen …«

Ich erklärte die Logik der Kommandos (Ankündigungs- und Ausführungsbefehl).

Die Truppe hatte sich mittlerweile automatisch organisiert. Gut formiert marschierten wir zum Appell. Keiner hatte ein hämisches Grinsen im Gesicht oder zappelte. Wir waren zwar die Letzten, dafür staunten alle über uns. Das schien meinen Lehrlingen zu gefallen. Jeder arbeitete an seiner Parodie.

Der »Fidel Zastrow« erwartete uns wie Napoleon. Er machte eine Mine, bei der ich wusste, dass er mir nicht traute. Ich hörte mich:

»Links, zwo, drei, vier! Auf der Stelle … Marsch! Rechts um! Rührt euch!«

Danach reihte ich mich ein. In meinem Zug zappelte keiner oder bohrte sich den Finger in die Nase. Am Unruhigsten war ich. Meine Nerven hatten seit Kamenz gelitten.

Der Appell konnte beginnen. Der Hundertschaftsleiter übernahm das Kommando:

»Achtung! Stillgestanden! Genosse Kommandeur, ich melde, … vollständig zum Appell angetreten!«

Die Woche verging schnell. Wir waren die Nutznießer. Der Herr Zastrow erhielt weitere Spitznamen: Fridolin, Fidelio und Frieda. Obwohl unser Kommandeur das nicht wissen konnte, rächte er sich. Das lag daran, dass ich eine Auszeichnung ablehnte.

Beim Abschlussappell wurde erklärt, dass wir uns alle eine Lieferung Bananen erkämpft hatten. Jeder sollte seinen Verdienst abholen. Als Zugführer schritt ich mutig voran. Leider hatte das Obst den weiten Weg von Kuba nicht besonders gut überlebt. In den Kisten roch es übel. Weil ich nicht wusste, dass diese Bananen als Mittel zur Überprüfung unserer politischen Gesinnung bestimmt waren, riet ich meinen Leuten vom Verzehr ab.

Danach wurde ich zum Rapport bestellt. Der Kommandeur hatte ein Gremium geladen. Von »Fidel Zastrow« kamen harte Worte:

»Wehrkraftzersetzung, Aufwiegelung, Volksverhetzung, Missachtung der Befehlsgewalt, Devisenverschwendung, Stärkung des Klassenfeindes, Schwächung der Truppe wegen Vitaminentzug, Diffamierung und Diskriminierung unserer kubanischen Freunde!«

Ich argumentierte dagegen:

»Gesundheitsgefährdung, Epidemie, und dem tropenmedizinischen Institut könnten Proben geschickt werden!«

Danach griffen sich alle gleich an den Bauch, ich nicht. Zuletzt erklärte ich noch, dass schon giftiges Getier wie Spinnen bei Transporten von Übersee unsere DDR gefährdet hatten. Leider überzeugte ich den »Fidel Zastrow« nicht und:

Bei der nächsten Parteiversammlung würde ich Stellung nehmen müssen!

6. Der Parteisekretär

Der Parteileiter war bedächtig, hauptamtlich beschäftigt.
Obergenosse Falter, war kein zerknitterter Alter.
Als Schmetterling, navigierte er beschwingt.
So unbeschwert, war er nicht verkehrt.
Sein Makel bestand in dem Orakel;
eine gute Fee – rettet die Idee.
Sein Gemüt war bescheiden,
darum ließ er mich walten.

Genosse Falter war auch ein Förderer von mir. Er fand es gut, dass ich nach dem Ingenieurpädagogen ein Fernstudium der Philosophie an der TU Dresden beginnen wollte und meinte, ich könnte das Amt des hauptamtlichen FDJ-Sekretärs besetzen. Das wollte ich nicht, aber das durfte er nicht wissen.

Da ich die Drohung von »Fidel Zastrow« ernst nahm, hatte ich mich auf die anstehende Parteiversammlung vorbereitet. Noch am Abreisetag suchte ich Beistand. Dass Ärzte einer Schweigepflicht unterliegen, wusste ich durch meine verdächtigen EKG-Kurven. Hier lernte ich Frau Doktor Reinhold kennen. Als ich bei ihr im Krankenhaus auftauchte, erwies sie sich als bakteriologisch gebildet. Zur meiner Verwunderung übergab sie mir zur näheren Erörterung ihre Privatadresse.

Zwischen Tür und Angel hörte ich, notfalls würde sie meinem Parteisekretär ein Gutachten schreiben, aber viel Zeit habe sie nicht, es wäre ihr letzter Arbeitstag gewesen, der Krebs befand sich im fortgeschrittenen Stadium.

Bei der Versammlung wusste ich nicht, ob der »Fidel Castro« den Parteileiter Falter überzeugt hatte, gegen mich ein Verfahren zu eröffnen. Demnach war ich noch leiser wie üblich. Auch Herr Zastrow war still. Wir hörten, der Falter flatterte von einer Blüte der Richtlinien des ZK der SED zur anderen und bestäubte uns.

Mir war anzumerken, dass ich unter Druck stand. Dem Herrn Zastrow ging es nicht besser. Das war zwischen uns ein Dauerzustand. Es lag auch daran, dass er immer die Protokolle meiner Politinformationen lesen musste.

7. Politinformation

An unserer BBS war es üblich, die Lehrlinge politisch zu bilden. Das bereitete mir viel Freude, meiner Klasse auch. Sie wussten, ich würde sie nicht mit Propaganda bombardieren. Die Politinformation wurde zu einer Bereicherung umfunktioniert. Der »Fidel Castro« kam nicht gegen mich an. Ich hatte Beziehungen zum Zentralkomitee der KPDSU.

Mein Machtinstrument war die Zeitschrift »Sputnik« (russ. Begleiter). Der »Sputnik« wurde 1988 in der DDR verboten. Bis dahin erschien er auf Hochglanzpapier mit farbigen Illustrationen als Digest im Kleinformat in mehreren Sprachen, auch in der BRD. Daher verbot sich reine sozialistische Rhetorik. Es erschienen Artikel aus allen Bereichen von Politik, Medizin, Kultur, Wissenschaft und Gesellschaft.

Meine Protokolle der Politinformationen waren mit wichtigen Überschriften getarnt, zum Beispiel: »Die Währungspolitik des Kapitalismus« und »Nationalsozialistische Propaganda«.

»Währungspolitik des Kapitalismus«:

Die Mark der DDR war eine Binnenwährung des Ostblocks. In der Weltwirtschaft wurde sie lange Zeit für 0,20 DM gehandelt. Unseren Exportbetrieben wurde für eine D-Mark Erlös ein Guthaben von 4,40 Mark gutgeschrieben. International erfolgte der Zahlungsverkehr mit Valuta, alias Westgeld, in Verrechnungseinheiten.

Die DM war eine Zweitwährung, die sich über verwandtschaftliche Beziehungen etablierte. Der Wechselkurs berechnete sich nach Lage der Mangelwirtschaft. Üblich war ein Verhältnis von 1:10, nach oben offen. Seit 1979 mussten wir die D-Mark vor dem Einkauf in Intershop-Filialen (besonderes Warenangebot) in Schecks umtauschen. Wollten BRD- Bürger einreisen, mussten sie einen Mindestumtauschsatz im Kurs 1:1 von 15 DM akzeptieren.

Ursprünglich entsprach jede Geldmenge in Form von Münzen und Papiergeld wertgleich dem Goldbestand eines Landes(Isaac Newton, 1717 britischer Münzmeister). So wurde eine Fixierung der Wechselkurse zu den einzelnen Währungen erreicht.

Nach dem Ersten Weltkrieg wurden die Zentralbanken von ihrer Aufgabe, die Landeswährung durch Haltung von Goldreserven zu stabilisieren, entbunden. In den Ländern wurde nun mehr Papiergeld gedruckt, als in den Staatsdepots Gold lagerte. Eine Inflation (lat. Sich-Aufblasen) setzte ein. Pro Gütereinheit existierten mehrere Geldeinheiten und für Waren wurde mehr Geld bezahlt. Mit den deckungslosen Banknoten schwankten die Wechselkurse. Weil sich die Inflation in den Ländern unterschiedlich entwickelte, war die Konvertibilität (lat. Umtausch) unsicher.

Als Nachfolger des Goldstandards kam das Bretton-Woods-System. Am gleichnamigen Ort wurde 1944 in den USA beschlossen, alle Währungen an feste Wechselkurse zu binden, die sich an einen vom goldhinterlegten US-Dollar orientierten. Zur Durchsetzung des Abkommens wurden die Weltbank und der Internationale Währungsfond (IWF) geschaffen. Das Bretton-Woods-Abkommen wurde 1973 zu Gunsten freier Wechselkurse aufgegeben. Seitdem verselbständigte sich die Finanzpolitik zu einem spekulativen Tagesgeschäft.

»Nationalsozialistische Propaganda«:

Alfred Ernst Rosenberg, nach dem Zweiten Weltkrieg als NS-Kriegsverbrecher hingerichtet, war ein Vertreter der Theorie, wonach der »Protogermane«, die »nordische« bzw. »arische« Rasse, dem Ursprung nach ein »Atlanter« wäre. Demnach habe sich Atlantis einst im Nordseeraum befunden.

Atlantis wurde durch den Philosophen Platon (427 bis 347 v. Chr.) beschrieben, als eine Seemacht, die ausgehend von ihrer gelegenen Hauptinsel »jenseits der Säulen Herakles«, große Teile Europas und Afrikas unterworfen hatte und 9600 v. Chr.

in Folge einer Naturkatastrophe innerhalb »eines einzigen Tages und einer unglückseligen Nacht« unterging.

Das mythische Inselreich hat ebenso viele Lokalisierungshypothesen, wie über den Untergang spekuliert wird: Vulkanausbrüche, Flutwellen, niedriger Wasserstand im Mittelmeer, oder es war ein Impakt (lat. Einschlag) von Asteroiden oder Kometen.

Auch kleinere Meteoriten können Schaden anrichten, wie das Tanguska-Ereignis von 1908 belegt. Hierbei ist eine Fläche von etwa 2.000 km² in Sibirien total verwüstet worden.

Vielleicht war alles auch ganz anders, denn Platon beschreibt nämlich 360 v. Chr. die Insel Atlantis in Form von Dialogen. Hier lässt er die Politiker Kritias und Hermokrates sowie die Philosophen Sokrates und Timaios zu folgenden Fragen diskutieren:

»Wer darf sich am politischen Leben beteiligen? Was ist Gerechtigkeit? Gibt es den Idealstaat nur als ein Muster im Himmel der Ideen?«

Für die Theorie, dass Platon Atlantis als Theateraufführung inszenierte, um über den Sinn des Seins nachzudenken, spricht, dass er bewusst das Ende offen gelassen hat, damit sich die Meinung des Lesers dialektisch entwickelt:

»Wir wollen aber die Bürger und den Staat, den du uns gestern wie erdichtet darstelltest, jetzt in die Wirklichkeit übertragen und hier ansiedeln, als sei jener Staat der hiesige!«

Platons Lehre, vor tausenden Jahren geschrieben, ist heute noch aktuell. Zudem sind die Probleme größer geworden: Wir leben im Zeitalter des Atommülls, warten auf die Folgen der Erderwärmung, die Kluft zwischen arm und reich wird zunehmend größer, internationale Machtspiele statt Kooperation bestimmen das tägliche Leben.

Ich wusste nicht, wie lange mich Herr Zastrow in seinem Umfeld dulden würde und wollte vorbereitet sein. Folgende Aktennotiz zeigt, dass ich damit sicher richtig lag.

VEB ZFT Mikroelektronik   Dresden, den 7. Dez. 1984
BBS »Paul Schwarze«   pb2-za-pv-869-3.0.1. 3079

Verteiler: Kaderakte – (PB 2)

Aktennotiz über das Kadergespräch mit Gen. Falk Geyer am
06.12.1986

Teilnehmer: Gen. Geyer – Lehrkraft des BPU
            Gen. Hellmann – Lehrobermeister PB 21
            Gen. Zastrow – Abteilungsleiter PB 2

Der Gewerkschaftsvertrauensmann konnte nicht mit hinzugezogen werden, da er sich bei der NVA befindet und der Stellvertreter zum Schöffeneinsatz ist.

Auf der Grundlage einer gemachten Leistungseinschätzung wurde das Kadergespräch durchgeführt. Gen. Geyer ist seit 1982 als Lehrkraft des BPU im Bereich der Grundlagenausbildung für Maschinen- und Anlagenmonteure tätig. Seit September 1983 übernahm er selbständig die Klasse Maschinen und Anlagenmonteure mit Abitur. Zurzeit qualifiziert er sich im Fernstudium zum Ingenieurpädagogen.

Gen. Geyer ist bestrebt, die gestellten Aufgaben umfangreich und gewissenhaft zu erfüllen. Dabei ist eine deutliche Leistungssteigerung, besonders in der praktischen Bildungsarbeit, zu erkennen. Die anfänglichen Schwierigkeiten bei der Erfüllung der Qualitätsparameter sind weitestgehend überwunden. Die manchmal noch auftretenden Mängel sind auf noch fehlende Erfahrung zurückzuführen; sie werden aber mit Einsicht und Initiative beseitigt.

Gen. Geyer ist bereit, die Hinweise und Hilfen der erfahrenen Kollegen anzunehmen und für seine Arbeit zu nutzen. Das ist auch eine Ursache seiner verbesserten Bildungsarbeit. Dabei sind aber noch Reserven vorhanden, besonders bei der Vermittlung des theoretischen Lehrstoffes und der konsequenten und bedingungslosen Erziehungsarbeit im Klassenkollektiv.

Gen. Geyer ist bereit, zusätzliche Aufgaben im Rahmen seiner Möglichkeiten zu übernehmen. Dabei muss er aber seine Funktionen mit mehr Initiative erfüllen. Das gilt besonders für die Arbeit als Agitator. Im Kollektiv ist er geachtet und wird von den Kollegen akzeptiert. Er selbst nutzt seine Möglichkeiten zur Kollektivbildung noch nicht im vollen Umfang. Die politisch-ideologischen Aufgaben im Klassenkollektiv werden erfüllt. Die persönlichen Gespräche mit den Lehrlingen werden regelmäßig durchgeführt.

Gen. Geyer hat einen klaren Klassenstandpunkt, den er jedoch zu selten öffentlich vertritt. Das Studium läuft relativ gut ab, außer in Physik kann er vorwiegend gute Ergebnisse vorweisen. Im persönlichen Bereich gibt es nach Angaben von Gen. Geyer keine Probleme.

Kenntnisnahme: Zastrow
Abteilungsleiter
Maschinenbau

8. Am Pranger

Der Pranger erlangte mit dem 13. Jahrhundert weite Verbreitung. Die »Bösen« wurden von den »Guten« an Säulen oder Holzpfosten gefesselt und öffentlich vorgeführt. 1853 wurde diesbezüglich in Berlin einer der letzten Fälle dokumentiert. Selbst wenn die Unschuld erwiesen werden konnte, war den Betroffenen ein normales Weiterleben versagt.

Glück hatte der englische Schriftsteller Daniel Defoe. Als er 1703 in London an den Pranger gestellt wurde, bewarf ihn das Volk mit Blumen und trank auf seine Gesundheit. Seine Satiren, besonders das Gedicht »Hymn to the Pillory« sprach dem Publikum aus dem Herzen. So etwas nennt man ein Paradoxon (das beabsichtigte Ereignis verkehrt sich ins Gegenteil).

Ein Paradoxon kann aber auch psychologisch und pädagogisch gesteuert sein. Die paradoxe Intention ist eine kognitive Technik, bei welcher der Patient sich das wünscht, wovor er Angst hat, damit sich diese Blockade löst. Die paradoxe Intervention (in einer Paartherapie) erzielt mittels Konfrontation einen Umkehreffekt. Der Therapeut hält die Frau zu der Äußerung an: »Willi, willst du mir nicht gefälligst im Haushalt helfen!« aber der Willi will jetzt nicht mehr: »Blödes Weib, rate mal, was ich die ganze Zeit mache!«

In der Pädagogik kann man, statt jemanden anzuprangern, sich der liebevollen Ironie bedienen.

Dass auch Kachelöfen zum Pranger taugen, erfuhr die Angela. Sie wurde sehr dringlich ins Elternhaus beordert. In unschuldiger Erwartung fuhr sie mit dem Moped hin. Zurück kam sie gemartert. Das lag an mir.

Die Familie Richter hatte sich versammelt. Der Clan hielt Gericht. Anwesend waren der Vater Theodor, die Mutter Dorothea und Bruder Tim mit Freundin Tina Stramm; abwesend Oberstleutnant Stramm.

Theodor (Theo) und Dorothea (Thea) bedeutet »Geschenk Gottes«. Dafür konnten beide nichts! Sie wurden so geboren. Der Tim bekam seinen Namen durch den Roman »Timur und sein Trupp«. Die Eltern waren dem Charme des russischen Schriftstellers Arkadi Gaidar erlegen. Timur war der 14-jährige Anführer eines Hilfstrupps, der sich im Zweiten Weltkrieg um die Witwen und Angehörigen von Frontsoldaten kümmerte. Oberstleutnant Stramm, bei den Luftstreitkräften in Kamenz an der Offiziershochschule »Franz Mehring« tätig, himmelte Walentina Wladimirowna Tereschkowa an (1963 die erste Frau im Weltraum) und somit war Tina die »Reine« eine ehrenvolle Kurzform.

Bei den Versammelten der »Konferenz zur Sicherung höherer familiärer Interessen« hatte Vater Theodor den Vorsitz. Nachdem er seiner Tochter ein Zeichen von »Achtung! und Stillgestanden!« gegeben hatte, stellte sich Angela gleich an den Kachelofen. Als man ihr versicherte, dass sie an dem Kommenden keinerlei Schuld trug, wusste sie immer noch nicht, ob jemand gestorben war.

Der Theodor begann:

»Wir können nur dankbar sein! Es ist ein großes Glück, das noch nichts Schlimmeres geschehen ist!«

Die Mutter ergänzte:

»Bloß gut, dass unser Vater in so einer wichtigen Funktion ist! Was er schon für schöne Dienstreisen gemacht hat! In Kairo war er! Stolz kann man auf ihn sein! Das jetzt so etwas Dummes passieren muss! Das haben wir uns nicht verdient! Ein Auslandsreisekader wird man wirklich nicht so einfach!«

Die Bezeichnung Auslandsreisekader (franz. cadre: Geviert, besonderer Bereich entlehnt aus dem russ. kadr) bezog sich auf Personen des Staats-, Wirtschafts- oder Parteiapparates, die nach Überprüfung durch die Hauptabteilung XIX des Ministeriums für Staatssicherheit ins »NSW« - (Nichtsozialistisches Wirtschaftsgebiet) reisen durften. Sie hatten die Pflicht, dem MfS Berichte abzuliefern. Eine Weigerung, die Unwahrheit oder zuverlässige Kontakte konnten den Entzug des Status' zur Folge haben. Theo war ein Direktor in Neustadt/Sachsen, dem Stammbetrieb des Kombinats Fortschritt Landmaschinen. Er zügelte seine Frau:

» Dorothea, sei jetzt ruhig! Es geht schließlich um die Existenz unseres Sohnes!«

Der Tim hatte seine Wehrdienstzeit beim Wachregiment »Feliks Dzierzynski« (operativ-militärische Reserve der Regierung zur Sicherung der öffentlichen Ordnung) geleistet. Das war dem Ministerium der Staatssicherheit unterstellt. Viele arbeiteten danach als IM (Inoffizielle Mitarbeiter).

Der Vater: »Du weißt Angela, wie schwer es für den Tim war, eine passende Frau zu finden, da musste alles passen!«

Die Karriere von Tim war exakt geplant. Sein Arbeitsort, der VEB Mühlenbau Dresden, war im Kombinat Fortschritt Landmaschinen integriert.

Alle sahen jetzt zu Tim. Der wollte auch was sagen: »Angela, das musst du verstehen, in einer Familie hält man zusammen!«

Die Tina ergänzte: »Wir können froh sein, dass mein Vater vor Ort das Geschehen persönlich besprechen konnte, alles ist wahr!«

Mit dieser Aussage, da ihr Vater ein Oberst an der Offiziershochschule der Luftstreitkräfte/Luftverteidigung in Kamenz war, ahnte Angela bereits, um was sich das Gespräch drehen würde.

Weil Angela augenscheinlich noch nichts kapieren konnte, wurde der Vater deutlicher:

»Unsere Erkundungen haben ergeben, dein Freund ist kein guter Umgang! Wir haben das gleich gespürt!«

Gela tat verwundert: »Bis jetzt hattet ihr doch nichts dagegen? Was ist passiert? Meint ihr das wegen der Armee? Das hat mir Falk längst alles erzählt! Das weiß ich von Anfang an! Der kann doch auch nichts dafür!«

Es wurde dramatischer. Die Männer machten große Augen. Die Frauen taten entsetzt.

Die Mutter: »Nee Angela, das du uns das nicht erzählt hast! Wie konntest du nur …!«

Die Tina tat pikiert: »Du bist so ein schönes Mädchen! Da findest du bestimmt was Besseres! Ich würde mit so Einem so etwas nicht können!«

Der Tim schüttelte den Kopf.

»Nee, Angela, da hast du dir aber ein Ei gelegt! Mit so einem kannst du dich doch nicht einlassen!«

Danach entstand eine Pause. Alle blickten ins Nirgendwo. Der Vater unterbrach das Schweigen:

»Du musst diese Verbindung lösen! Das ist besser für dich! Du bist unsere Tochter! Du gehörst zu uns! Wir lassen dich nicht im Stich!«

Die Gela widersprach: »Ihr wisst doch wie mir Falk beim Großvater geholfen hat! Ich will nicht wissen, wie viele von meinen Freunden einen alten Mann den Hintern waschen! Das Gebiss hat er auch gefunden!«

Die Mutter: »Was hat das damit zu tun? Es geht um die Familie! Willst du nicht auch, dass dein Bruder erfolgreich ist? Ich bin ja so froh, dass der Junge die Tina hat! Zum Glück ist ihr Vater ein Oberstleutnant! Deinen Vater gefällt das auch!«

Die Tina sah zum Tim.

»Da haben wir wirklich Schwein gehabt!«

Tim erwiderte ihren Blick. Er wandte sich zu Angela:

»Als meine Schwester weißt du ganz genau, ich musste drei Jahre zur Fahne! Ich wollte nicht, der Vater hat mich im Treppenhaus angeschrien und du warst dabei! Unsere Eltern sind nicht mehr die Jüngsten! Auf mich brauchst du keine

Rücksicht nehmen, aber auf unseren Vater, der hatte schon einen Herzinfarkt!«

Die Tina war nicht einverstanden. »Das sehe ich nicht so! Ich würde auf meinen Bruder Rücksicht nehmen! Das gehört sich einfach!«

Die Mutter beschwor: »Mädel, ich will keine Witwe werden! Wer soll sich da um alles kümmern?«

Die Tina: »Der Axel und ich, wir sind ja gleich mit dem Studium fertig!«

Die Mutter: »Ja, das stimmt, zum Glück gehört euch ja dann das Haus in Pesterwitz!«

Der Theodor fixierte seine Tochter. Ihre Stimme vibrierte.

»Bis jetzt war alles in Ordnung! Ich habe für euch den Großvater gepflegt! Ich weiß schon, dass dem Tim das Haus mit der Hälfte des Grundstücks gehört! Da bin ich auch gar nicht neidisch!« Es zitterte der Ofen.

Die Familie schwieg mit verschränkten Armen vor der Brust. Trotz und Enttäuschung machten sich breit. Die Frauen wirkten verkrampft. Der Vater griff sich zur Gegend des Herzens.

Der Tim war erregt. »Ich kann meinen Vater nicht leiden sehen! Hoffentlich übersteht unsere Mutter die ganze Aufregung! Dass der Tina jetzt, wo sie ihre Prüfungen im Studium hat, so eine Belastung zugemutet wird, das ist wirklich nicht nötig! Angela, ich muss sagen, du solltest auf deinen Verstand hören. Ich weiß nicht, was du an dem findest, Diplomingenieure von der TU hättest du haben können! Ich kann mich nicht um die Eltern kümmern! Ich schreibe meine Ingenieurarbeit! Wo soll das alles hinführen?«

Die Mutter: »Der Tim hat schon einiges im Leben durchmachen müssen, drei lange Jahre in Berlin! Angela, du bist alt und klug genug! Du wirst die richtigen Entscheidungen treffen!«

Weil niemand was sagen wollte, übernahm der Theodor das Wort: »Wir haben genug geredet, löse das Verhältnis! Wir haben alle Vertrauen!«

Der Abschied war unterkühlt aufgewühlt. Die frische Luft des Fahrtwindes tat Angela gut. Das Lenkrad ließ sich schwerer als sonst bewegen. Nach Pesterwitz fuhr sie wie im Nebel.

Diese Nacht schliefen wir das erste Mal unruhig. Verschwommen wurde uns klar, in was wir da hinein geraten waren. Statistisch hatte die Stasi einen hauptamtlichen Mitarbeiter auf 180 Einwohner, die Sowjets 1:595. Mit den 200.000 IM ergab das 1989 einen IM auf 89 Bürger. Die Staatssicherheit der DDR war der effektivste geheimdienstliche Apparat der Weltgeschichte.

9. Die Staatsreserve

Nachdem Angela die Teilnehmer der »Konferenz zur Sicherung höherer familiärer Interessen« unbefriedet zurück gelassen hatte, wurde das leidige Thema nie mehr angesprochen.

Mittlerweile waren Tim und Tina in Pesterwitz mit Baby erfolgreich. Uns blieb die obige Stube, 14 Quadratmeter. Zum Schlafen stellten wir neben das Sofa eine Campingliege. Ein Um- und Anbau des Hauses war in Planung.

Angela hatte mit ihrem Vater ein geheimes Treffen. Es wurde protokolliert:
- Neutralitätspakt, der Umgang mit mir ist legitimiert.
- Wir helfen, damit Tims und Tinas Baby den Hausumbau überlebt.
- Angela bekommt die restlichen 1.000 Quadratmeter des geteilten Grundstücks
- Je zügiger wir Tim und Tina am Projekt helfen, desto eher könnten wir selbst bauen.
- Im Gegenzug, logisch, wird adäquate Hilfe garantiert.

Gela war danach erleichtert, ich nicht. Weil das aber niemand verstehen wollte und Angela nicht an den Pranger sollte, ließ ich mich in die Bauarbeiten einspannen. Vielleicht konnte es die Richters überzeugen, dass ich ein nützlicher Schaden bin.

Die Sanierung schritt voran. Der Bagger hatte den Aushub für den Anbau geschaufelt. Das Fundament wurde gelegt. Ein großer Waggon mit Ziegeln fuhr im Güterbahnhof Friedrichstadt ein. Nach dem Umladen auf einen LKW sagte mein Rücken, dass Fußballspielen verboten war. Alsbald meldete ich mich vom aktiven Spielbetrieb ab.

Mit der warmen Jahreszeit bevölkerten alle Richters das Grundstück. Die Datsche wurde durch die Eltern bewohnt. Alle meinten, es wäre ein Glück für uns und wir bräuchten keine Miete bezahlen. Alsbald stand der Anbau. Im Erdgeschoß vom Winfried wurde die Zwischenwand entfernt. Ich half gern, erstens war uns die Perspektive Eigenheim aufgezeigt und zweitens wurde man davon nicht dümmer!

Prophylaktisch, weil wir aus dem Haus mussten, meldeten wir uns als Wohnungsuchende. Es gab nirgends eine Aussicht. Wohnraum war in der DDR extrem knapp. Dass wir verheiratet waren, nützte nichts. Mittlerweile war Angela schwanger. Das Geburtsdatum im Januar war uninteressant, denn noch war das Kind nicht lebend zur Welt gebracht. Die Arbeiterwohnungsbaugenossenschaft (AWG) bewilligte uns Aufbaustunden für eine Ein-Raum-Wohnung. Die Arbeitseinsätze absolvierten wir samstags. Einen einzigen Vormittag war der Tim dabei! Ansonsten hatte er mit seinem Bau zu tun.

Als der Sommer endete, wurde die Datsche unser Domizil. Endlich zog Ruhe ein. Die benötigte ich für das Fernstudium. Kurz vor Weihnachten fanden wir Quartier in Angelas ehemaligem Kinderzimmer. Weil der Theodor sagte, dass wir die andere Hälfte des Grundstücks bebauen dürfen, nahm unser Vorhaben Gestalt an. Ich setzte auf die Fertigbauweise.

Zu Beginn der 1970er Jahre begann die DDR, Einfamilienhäuser serienmäßig herzustellen. Der VEB Fertighausbau Neuruppin schickte uns Unterlagen für die Modelle E73, E108, E108M und E108W. Zudem gab es noch Angebote vom VEB Bauelementewerke Stralsund: E83G, E123G, E85 und E11S. Die Finanzierung war kein Problem. Angela verdiente als Unterstufenlehrerin auch gut. Mit Zins und Tilgung waren 600 Mark veranschlagt. Ich war begeistert, die Schwiegereltern nicht.

Theo und Dorothea meinten, die Pläne würden das Kräftevermögen von Angela übersteigen. Das zu erwartende Kind hat

Vorrang. Enrico wurde im Januar 1984 geboren. Die Freude war groß, auch bei unseren Nachbarn. Sie waren sehr eng mit den Richters verbunden. Es handelte sich um das Ehepaar Belitz. Sie hatten auch exklusive Beziehungen. Er würde heute ein »Minister des Freistaates Sachsen« sein. Dass die Richters und die Belitz in Beziehung standen, wurde uns Glück und Unglück zugleich.

Im Frühling erhielten wir eine behördliche kommunale Benachrichtigung. Das verwunderte uns. Mit denen hatten wir bisher nichts zu tun. Zum Termin erhielten wir die Schlüssel für eine Drei-Raum-Neubauwohnung. Bei der Übergabe sah uns der Angestellte vorwurfsvoll an. Als wir fragten, woher und wieso wir die Wohnung bekamen, war er unwillig:

»Das ist eine Reservierung! Der Staat behält sich einige Zuweisungen vor!«

Wir wussten gar nicht, dass es so etwas gab.

Unser Bauabschnitt war schon bewohnt. Von etwa 1,5 Millionen errichteten Wohnungen in Plattenbauweise fand der Typ WBS 70 mit einem Anteil von etwa 42 Prozent am weitesten Verbreitung. Das erste Haus wurde 1973 in der Stadt Neubrandenburg errichtet, es steht heute unter Denkmalschutz.

Das Wohngebiet Gorbitz wuchs ab 1981 entlang eines gestreckten Hanges im Westen von Dresden. Die Mittelachse war als Einkaufsboulevard konzipiert: Fußgängertunnel, Straßenbahnlinien, die erste zweistöckige Kaufhalle Dresdens, eine Ambulanz. Hier fanden in 15.000 Wohnungen 45.000 Menschen ein Zuhause. Die Begrünung und die Freiflächengestaltung sollten parallel erfolgen. Die Umgebung glich einer Schlammwüste.

Als wir Theo fragten, wie wir zu der Wohnung mit dem sechs Meter langen Balkon und der eingebauten Küche gekommen waren, schwieg er. Dafür erfuhren wir, dass unsere Planung mit dem VEB Fertighausbau Neuruppin einzustellen war. Da wir jetzt eine komfortable Wohnung mit Zentralheizung hatten, sollten wir uns, statt des ehemaligen Schuppens vom Winfried, dort eine Wochenendresidenz bauen.

Weil man als Vater auf seine Tochter Rücksicht nehmen muss, erklärte sich Theo bereit, alle Wege zur behördlichen Genehmigung zu übernehmen. Der Besitzstand wurde im Grundbuch eingetragen, aber nur auf die Tochter, es wäre ihr Erbe und die Scheidungsrate hoch.

Danach habe ich mit Gela stundenlang diskutiert. Ich argumentierte:

»Auf dem Ländlichen in der Sächsischen Schweiz, in Brandenburg – überall gibt es 1.000 herrliche Flecken! Im dortigen Schulbetrieb wären wir allerorts willkommen und könnten locker ein Haus finden oder bauen!«

Gela war jedoch zu tief verwurzelt. Weitere Versuche scheiterten, als sich die ungeplante Marleen auf die Welt drängte. Das besiegelte unsere Zukunft.

Gorbitz und Pesterwitz trennen nur zwei Kilometer. Um uns mit den Kindern im Sommer dem Staub zu entziehen – die Baulasten würden noch Jahre wirken – begann ich Winfrieds Schuppen abzureißen. Der Architekt hatte die Bauzeichnung freigegeben: Eingangsbereich mit Küche, Duschecke und davon abgehend Wohnen, Kinderzimmer und Schuppen. Mit der Terrasse waren es 60 Quadratmeter, alles in massiver Ausführung.

Der Theo meinte: »Nicht viele DDR-Bürger haben so einen Luxus!« Damit hatte er Recht!

Vom Fundament bis zur kompletten Fertigstellung benötigte ich drei Jahre. Von der Straße, wo Sand, Kies und Ziegel abgeschüttet wurden, fuhr meine Schubkarre sehr einsam die 60 Meter zum Bauplatz. Leider hatten Tim und Tina mit ihrem familiären Segen vergessen, dass man sich in der Verwandtschaft half, sie taten das keine einzige Sekunde.

Weil Gela schon am Pranger gestanden hatte, und auch wegen unserer Kinder hielt ich still.

Da unserer Familie nun vier Personen angehörten und es schien, dass die Wohnung in Gorbitz für eine Zukunft gedacht war, sorgte ich mit Holzeinbauten für Gemütlichkeit. Letztendlich waren wir froh, Bevorteilte zu sein.

Heute ist Gorbitz richtig schön geworden. Die Vegetation in der Hanglage mit dem kleinen Bach hat sich ebenso gut entwickelt, wie der gezielte Rück- und Umbau. Eine signifikante Sozial- und Altersstruktur gibt es trotz zweier Altenheime nicht. Auch das Erlebnisbad »Elbamare« ist profitabel.

10. Das Revolutionsrecht

Das deutsche Revolutionsrecht beruht auf Johann Gottlieb Fichte (1762–1814), dem wichtigsten Vertreter des deutschen Idealismus. Es wurde Grundlage für die Weimarer Republik und 1926 verfassungsrechtlich anerkannt. Auch den Nationalsozialisten diente es zur Legitimation. Mit der Gründung der DDR entstand auch die Nationalhymne »Auferstanden aus Ruinen":

1. Strophe:
Auferstanden aus Ruinen
Und der Zukunft zugewandt,
Lass uns dir zum Guten dienen,
Deutschland, einig Vaterland.
Alte Not gilt es zu zwingen,
Und wir zwingen sie vereint,
Denn es muss uns doch gelingen,
Dass die Sonne schön wie nie
Über Deutschland scheint.

Die Nationalhymne beruhte auf dem Versmaß der österreichischen Kaiserhymne. Das Lied kann in Text und Melodie in der BRD Hymne, alias dem »Deutschlandlied« gesungen werden. Bei den Verhandlungen zur Wiedervereinigung versuchte Lothar de Maizière erfolglos, das Deutschlandlied mit dem Text »Auferstanden aus Ruinen« zu ergänzen.

Irrtümlicherweise wurde manchmal die Nationalhymne der DDR für die Regierung der BRD abgespielt, so zum Staatsbesuch des Bundespräsidenten Roman Herzog 1995 in Brasilien.

Heute gilt das Revolutionsrecht nur noch im weiten Sinn von rechtsgeschichtlichem Interesse. Relikte befinden sich im Artikel 20 GG, Abs. 4, in Form des Widerstandsrechts.

Der Begriff Revolution (Zurückwälzen, Umdrehung) wandelte sich im 15. Jahrhundert vom reinen Fachwort der Astronomie zur derzeitigen Bedeutung: »meist, jedoch nicht immer, gewaltsamer politischer Umsturz«.

Unsere Wissenschaft bestimmt zur Revolutionstheorie fünf Bedingungsfaktoren. In der DDR waren sie alle gegeben:

1. Öffentliche Meinung:

Zu unserer Kultur gehörte es, sich die neuesten politischen Witze zu erzählen.

Stimmt es, dass der Kapitalismus am Abgrund steht?
Logisch, aber wir sind bereits einen Schritt weiter!

Was ist ein Chaos?
Fragen der Volkswirtschaft werden nicht beantwortet!«

Könnte man auch in der Schweiz den Sozialismus einführen?
Natürlich, aber es wär schade um das schöne Land!

Darf man die Partei kritisieren?
Im Prinzip ja, aber es lebt sich besser in den eigenen vier Wänden!

Kann man den Unterschied zwischen Demokratie und Volksdemokratie einfach erklären?
Im Prinzip ja, wie zwischen Jacke und Zwangsjacke!

Darf man mit unseren Autos 120 km/h fahren?
Ja, aber nur einmal!

2. Solidarisierung:

Dass 1989 die Bevölkerung friedlich auf die Straßen gehen konnte und rief: »Wir sind das Volk!«, verdankte sie der

Sicherheit, dass nur noch »Spitzenpolitiker« an den Sozialismus glaubten.

3. Ideologie:

Im Kommunistischen Manifest hieß es »Ein Gespenst geht um in Europa – das Gespenst des Kommunismus«, doch die BRD lebte uns so einen hohen Standart von sozialer Sicherheit und Freiheit vor, wie er wohl nie mehr erreichbar ist. Zudem logen die Statistiker. Als SED-Mitglieder wurden 1986 etwa 58 Prozent als »Arbeiter« eingestuft. Tatsächlich gab es aber nur 38 Prozent, die in der Produktion tätig waren. Der Sachverhalt stellte sich so dar, dass ein Generaldirektor, der vor 40 Jahren seine Karriere als Proletarier begonnen hatte, zeitlebens als »Arbeiter« geführt wurde. Die SED hatte 2,3 Millionen Mitglieder bei 16,8 Millionen Einwohnern, wovon 8 Millionen erwerbstätig waren. Demnach war das eine Massenorganisation. Ein Jahr nach der friedlichen Revolution gab es noch 285.000 Mitglieder und 2006 verblieben 60.338 in der Nachfolgepartei »Die Linke«.

4. Infiltration

Auf so eine lustige Geschichte, die mich zu einem Mitglied der SED machte, können sich bestimmt nur wenige berufen. Bei vielen »Genossen« lagen aber auch nur persönliche Beweggründe vor, aus dem Trieb zur Selbsterhaltung heraus. Das Eindringen von ideologischen Zweiflern führte zu einer Schwächung, Uneinigkeit und Ineffizienz. Das System war bis auf wenige Ausnahmen desillisioniert. Der Staatssicherheitschef Mielke fragte in einer Dienstbesprechung seine Offiziere am 31. August 1989:

»Ist es so, dass morgen der 17. Juni ausbricht?«

5.Rezession:

Die Weiterentwicklung des »Trabant« als ostdeutscher »Volks«-Wagen war stehen geblieben. Der »Trabi« war ein Sinnbild für die stagnierende Wirtschaft. Die Wartelisten waren so lang, dass wir im Sommer 1989 einen acht Jahre alten Pkw zum Neupreis von 8.000 Mark kauften. Angela lieh sich das Geld von ihren Eltern; das Auto war eine Kapitalanlage. Ein Jahr später, mit dem Einzug der D-Mark, verkauften wir unsere »Pappe« zum symbolischen Preis von einer Deutschen Mark. Vielerorts verendeten die »Trabis« als unsachgerecht stillgelegte Wracks. Bei den Behörden herrschte Chaos. Wir erhielten Jahre später ein Mahnschreiben, unsere illegal rostende »Pappe« fachgerecht zu entsorgen. Nach Zusendung einer Kopie vom Kaufvertrag war die Ordnungswidrigkeit delegiert.

Heute ist der Trabant revolutioniert. Er rangiert aufgrund geringer Schadenshäufigkeit in den Typenklassen mit den niedrigsten Versicherungsprämien. Fanclubs organisieren »Internationale Trabi-Treffen«. Das Fachblatt Oldtimer-Markt 10/2004 resümiert in einem Vergleich zwischen dem VW Käfer und dem Trabant:

»Sie haben ihre Fans und ihre Zukunft gefunden [...] Sie sind, wie es scheint, endlich ins Ziel gekommen, die beiden Volkshelden.«

Dass die Revolution in der DDR friedlich verlief, verdankt sie besonders Michail Gorbatschow, der mit »Glasnost und Perestroika« die außenpolitische Öffnung der Ostblockstaaten einleitete. Die Wende vollzog sich in einer Kettenreaktion, umgangssprachlich Dominoeffekt.

11. Meinungsfreiheit

Die Umwälzungen wirkten auch in Pesterwitz. Die Bürger entdeckten ihre Mündigkeit. In einer Sitzung des Gemeinderates meldete sich der Innungsvorsitzende des Bauhandwerks zu Wort: »Es kann nicht mehr geduldet werden, dass für privilegierte Schichten das Behördenwesen nicht gilt! Der Theodor hat auf seinem Grundstück einen Schwarzbau errichtet. Das ist ein Verstoß gegen das Baurecht. Sanktionen sind erforderlich!«

Der Ortsvorsteher meinte, von alledem nichts zu wissen. Gleichzeitig erschien ich in der Amtsstube. Der Bürgermeister war zahm geworden. Die Antworten ahnte ich.

»Ja, stimmt, korrekt ist nur die Architektenzeichnung; der Bauantrag, ein Verfahren zur Genehmigung fehlen ebenso wie im Grundbuchamt der Eintrag des Besitzstandes.«

Ich fragte nach: »Wie ist die Besitzstandsregelung bei unserer Garage?

Die Antwort beruhigte mich: »Da ist alles legal, die Garage steht auf Gemeindeland! Ihr seid Eigentümer!«

Als ich Angela die Nachricht übermittelte, hatte sie längst keine Kraft mehr. Der Theodor und die Mitglieder des »Rates zur Sicherung höherer familiärer Interessen« hatte sie über Jahre malträtiert. Wenn eine Tochter ihrem Vater nicht vertraute, dann war das bösartig! Mit dem Zusammenhalt einer Familie hätte das nichts zu tun! Da wäre er schon so gutmütig gewesen, sein Grundstück von uns bebauen zu lassen und nun ernte er Misstrauen! In seinem ganzen Leben habe er solche Unverschämtheit noch nie erlebt! Und ob sie vergessen hatte, wer die schöne Wohnung mit der Zentralheizung besorgte hat? Das wird noch ein schlimmes Ende nehmen und er könne auch anders! Er habe die Macht!

Die Mutter: »Was macht man nicht alles für seine Tochter und dann so etwas! Der Vater hat dir jeden Monat das

Lehrerstipendium bezahlt. Der Tim musste dafür drei Jahre zum Wachregiment! Dass du es wagst, die Verdienste deines Vaters so zu schmälern! Dass ich das noch erleben muss! Du warst immer ein braves Mädchen! Nie hast du Schwierigkeiten gemacht!«

Der Tim war empört.»Wie kannst du nur unsere Eltern in Frage stellen? Ich hätte nicht gedacht, dass es einmal so weit kommen würde!«

Tina ergänzte: »So eine Undankbarkeit, nee Angela, das hätte ich nicht gedacht! Deine Kinder können hier im Garten spielen, als wäre es ihr Zuhause! Ich weiß schon, von wo der Wind weht!«

Die Despoten hatten gesprochen! Zudem hatten wir Rücksicht zu nehmen. Seit Angela am Pranger gestanden hatte, war Theo kein Auslandsreisekader mehr. Die Frage war: Durfte Tim in die großen Fußstapfen seines Erzeugers treten?

Angela war bis zum Schluss im Widerstreit mit ihren Gefühlen. Konnte man sich nicht auf das Wort eines Vaters verlassen? Vielleicht war es bei der Machtfülle üblich, nichts notariell unterschreiben zu müssen? Die Zuweisung der Wohnung kam doch auch ohne behördliche Wege?

Gela nahm alle Kraft zusammen. Sie musste Antworten auf zwei diffizile Fragen erhalten. Die Unterredung war kurz, aber anstrengend.

Die erste Frage beantwortete der Theodor, wenn auch widerwillig und verärgert. Sie lautete: »Wie weiter in Pesterwitz?«

Der Vater meinte: »Ja, die Sache ist gelaufen! Und zukünftig keine Veränderungen, jetzt erst recht nicht!«

Angela hatte mit dieser Antwort gerechnet. Viel emotionaler bewegte sie die zweite Frage. Hierauf erwiderte ihr Vater nichts. Er schwieg beharrlich. Kein Minenspiel war erkennbar. Diese Verhärtung durchzog den ganzen Körper. Eine unangenehme Pause folgte. Dorothea hatte sich in eine Ecke des Wohnzimmers verzogen. Sie sah der abgestorbenen Konversation zu.

Als Gela erkannte, keine Antwort konnte auch eine Antwort sein, brachen bei ihr alle Dämme. Sie setzte zu einer Wut- und Brandrede an, wie es ihr niemand zugetraut hätte. Danach erfolgte die Entlassung. Wortlos verließ sie ihr Elternhaus. Mit verweinten Augen und völlig verstört kam sie in Gorbitz an. Was war geschehen?

12. Die Offenbarung

Im »Gorbitzer Wohnsilo« fand ich kein Verständnis dafür, dass der Staat keine Messgeräte eingebaut hatte. Theoretisch war es egal, ob täglich die Wanne gefüllt wurde und das Lüften mittels angekippten Fenstern Tag und Nacht erfolgte.

Zudem verstand ich meine Tochter nicht. Marleen wollte sich nicht anpassen. Erstens hätte sich Gela eine längere Mutterschaftspause als ein Jahr verdient und zweitens fanden wir keinen Gefallen am Kaiserschnitt. Als Konsequenz und wegen ihrem Längenmaß von 39 cm, musste sie für ein paar Wochen in den Inkubator.

Die Ärzte stabilisierten sie. Ihr Geburtsgewicht von 1,3 Kilogramm schrumpfte. Vielleicht war der Eigensinn von mir, ich war auch zwei Monate früher auf die Welt gekommen. Enrico war anfangs nicht begeistert. Später bemerkte er, dass eine Teilung von elterlicher Aufmerksamkeit Vorteile brachte.

Unser Kindergarten mit -krippe befand sich in der Nähe. Der kurze Weg war nützlich. Angela war froh, nach zwei Jahren wieder die Aufsätze ihrer Schüler zu korrigieren.

1987 war ich dem »Fidel Zastrow« entkommen. Das Kombinat Textima übernahm kommentarlos mein Fernstudium. An der TU Dresden lernte ich den Bereich der Geisteswissenschaften und die alten Philosophen kennen. Was ich nicht erfolgreich vermittelt bekam, war die russische Sprache. Sie wollte sich nicht im Gehirn einnisten.

An der BBS des Nähmaschinenteilewerkes Dresden ging es locker zu. Alles war kleiner, auch der Parteisekretär. An seinem Büro stand »Abteilungsleiter«. An Politinformationen war er nicht interessiert. Seine SED-Funktion war ein lässiger Nebenjob. In der Belegschaft harmonierte es.

Wir trafen uns zusätzlich im getäfelten Clubambiente und verfolgten bei einer Tasse Kaffee den Untergang unseres Vaterlandes. Die Zukunft war ungewiss. Ich wog die Prognosen ab. Zur Auswahl standen Diplomphilosoph oder Westgeld. Eine harte Währung würde existenziell wichtiger sein. Das Studium ersetzte ich 1988 durch eine nebenberufliche Ausbildung zum »Stadtbilderklärer« alias Touristenführer und auch mit dem »Personenbeförderungsschein Taxi« ließen sich Devisen beschaffen.

Unser Leben schien sich gut zu entwickeln. Enrico wurde durch das Sichtungssystem der Sportförderung in den Kindergarten für zukünftige Eiskunstläufer verlegt. Für die Anfahrt sorgte der Verband. Marleens Gesundheit streikte zwischendurch. Sie wollte lieber mit ihrer Mutti die Zeit verbringen.

Wir mieden Auseinandersetzungen mit den Richters. Es wunderte uns nicht, dass sie scheinbar immer schon wussten, was sich bei uns veränderte. Plötzlich änderte sich der Sachverhalt. Die Situation begann zu eskalieren. Alles begann damit, dass ich sensitiv veranlagt war.

Ein Plattenbau verfügt über besondere Eigenschaften. Beton hat den Vorteil einer hohen Festigkeitsklasse. Die Nachteile liegen in der Wärmeleitfähigkeit und Schalldämmung. Letzteres führte dazu, dass Geräusche von Mitbewohnern hingenommen werden mussten. Nach den ersten Jahren, als überall im Block die Mieter ihre Schlagbohrmaschinen strapazierten, wurde der Lärmpegel erträglich. Nur ab und an hämmerte sich ein Widia-Bohrer in die Wand.

Bei unserem WBS 70 stimmte was nicht. Das ging mir gewaltig auf die Nerven. Es handelte sich um ein extrem leises, nur bedingt hörbares Geräusch. Es trat unregelmäßig in Erscheinung und erinnerte mich an Kamenz. Dort fand sich die Ursache. Die Maus war tot. Ich hätte sie gern als ständigen Begleiter behalten.

In unserer Wohnung musste ein anderes Getier Quartier bezogen haben. Ich fragte Angela, ob sie mir bei der Auflösung half.

Das misslang, sie hatte nicht so gute Ohren. Ich war allein und wollte mir nicht eingestehen, einer Schizophrenie (altgriech. abspalten, Seele bzw. Zwerchfell) erlegen zu sein. Das ist eine schwere psychische Erkrankung. Als Symptome gelten Übersteigerungen und Fehlinterpretationen bis zu chronischen Halluzinationen.

Weil ich nicht duldete, eine Einschränkung des normalen Erlebens bei mir zu diagnostizieren, untersuchte ich wochenlang die Wohnung. Das minimale tickende und knisternde Geräusch war listig. Letztendlich war ich mir sicher, dass es permanent vorlag. Die Erscheinungsweise war daran gekoppelt, wie die Frequenzen des normalen Lebensrhythmus' der Hausbewohner das Geräusch absorbierten.

Gezielt wartete ich Zeiten ab, in denen es im Haus ruhig war und machte mich auf die Suche. Mittlerweile konnte Angela die akustischen Signale hören. Eine Ortung war schwierig. Die Wandflächen waren groß und Beton leitet Schwingungen nicht linear. Als ich den Punkt der Störungsquelle fixieren konnte, war ich erleichtert. Er befand sich in der Wand zu unserem Nachbarn.

Wir bezogen unseren Freundeskreis ein. Mit ein wenig Glück konnten auch sie das Geräusch hören. Zuerst war ich zufrieden, die Nachbarn hatten ein Recht, irgendetwas derartig Belastendes zu besitzen. Danach hätte ich gern gewusst, um was es sich handelte. Wir klingelten im Nebenhaus. Unsere Nachbarn hatten diese Wand nicht mit Möbeln verstellt. Mit Aufmerksamkeit lauschten wir zu viert und bestätigten einander, da musste innen was Unnatürliches sein. Wir gingen verstört auseinander.

Die Zeremonie der Schlüsselübergabe kam uns ins Bewusstsein: »Das ist eine Reservierung! Der Staat behält sich einige Zuweisungen vor!«.

Es drängte sich die Frage auf, ob die Wohnung mit Technik zum Abhören ausgestattet war. War eine Verwanzung hörbar? Wieso gab sich das Geräusch erst nach Jahren zu erkennen? Lag es am Verfallsdatum, an der Schrumpfung des Betons, am

Wärmeausdehnungskoeffizenten des Gipskartons? Und warum gerade an dieser Stelle?

Meine Überlegungen ergaben folgende Sachverhalte:

Die Wohnblöcke bestanden aus vielen Hauseingängen. Alle hatten sie separate Treppenaufgänge, aber im Rohbau liefen die Bauarbeiter nicht vom Eingang A nach B, sondern innerhalb der Etagen. Das war durch die Konstruktion möglich. In einem der Fertigbauelemente war eine Öffnung, die zusammen mit der Anordnung der Türen die horizontale Bewegung ermöglichte. Mit Fertigstellung der Baumaßnahmen verschwanden die Durchgänge mittels Gipskartonplatten.

Mir drängte sich die Frage auf, wie es in der Welt der Abhörmethodik funktionierte. Wodurch können verräterische Fehlleistungen entstehen? Beruhen akustische Wahrnehmungen auf Frequenzstörungen? Wie konnte es zu einer elektromechanischen Umwandlung kommen?

Meine Gedankenspiele ergaben, es konnte sich nur um elektroakustische Abhörgeräte handeln. Hierbei wird ein Mikrofon zur Aufnahme eingesetzt. Das Schallsignal wird über Kabel oder über Trägerfrequenzanlagen, funk- oder optoelektronische Verbindungen geführt. Bei einem drahtlosen Ausspionieren werden VHF- und UHF-Frequenzen verwendet. Am besten lohnt sich das Verfahren, wenn die Abhöranlage eine dauerhafte Installation ist und die Räumlichkeit sich in der Hoheit des Abhörers befindet.

Wir beschlossen, uns fachmännischen Beistand zu holen. Mit der Maueröffnung fluktuierte die Bevölkerung. Die Neugierde des Westens beschränkte sich auf Händler, dubiose Geschäftstreibende, Spekulanten und Vertreter der Medienlandschaft.

Wir suchten die provisorische Unterkunft der »Morgenpost« auf. Zwei Reporter, jung, tatendurstig und dynamisch, begutachteten unsere Wohnung. Sie stimmten zu, die Geräusche wären beidseitig der Wand vernehmbar und suspekt. Weitere Untersuchungen liefen nach Absprachen mit ihrer Chefredaktion. Ihre

Recherchen ergaben nachrichtendienstliche Informationen. Jetzt kamen sie mit einem Metalldetektor. Leider war der vom Baumarkt und ungenau. Gern hätten sie die Wand aus Gipskarton entfernt, ich auch. Wir verabredeten uns. Das Geheimnis würde sich zum nächsten Termin mit speziellerer Technik lüften lassen.

Sie waren pünktlich, ihr Gang jedoch nicht voller Elan. Die Gesichter wirkten enttäuscht. Im Ton lag Bestimmtheit:

»Wir dürfen in dieser Sache nicht mehr tätig werden! Das liegt nicht an uns! Wir haben Befehl von ganz oben! Die Zentrale in Hamburg hat vom BND ein Stop erhalten. Der Fall ist entzogen! Es laufen gerade die Verhandlungen zur Wiedervereinigung. Dieser Prozess darf nicht gestört werden! Der BND wird die Stasi übernehmen! Wenn das hier öffentlich wird, könnte es die innerdeutsche Beziehung belasten! Zudem, der Osten hat 1,9 Millionen Plattenbauwohnungen, viele Bürger könnten sich verunsichert fühlen!«

13. Die Chaos-Theorie

Die Chaos-Theorie oder Komplexitätstheorie beschreibt die Erforschung eines zufällig erscheinenden Verhaltens in chaotischen Systemen. Der Ausgangszustand unterliegt einem stabilen deterministischen Prinzip (Ursache und Wirkung). Im Verlauf entgleiten die Reaktionen in einer scheinbar regellosen Dynamik. Letztendlich sind sichere Prognosen über die Endsituation nur kurzfristig kalkulierbar.

Heute gibt es nur einen Minimalkonsens, was thematisch zugeordnet werden kann: Naturwissenschaften, das Wetter, Astronomie, Geodäsie, Verkehrsstaus, Politik, Börsenmärkte, Wirtschaftskreisläufe, Gesellschafts- und Sozialgeflechte.

Wichtige Vertreter der Chaos-Theorie sind Edward Norton Lorenz, Benoît B. Mandelbrot und Theodor Richter.

Edward Norton Lorenz (1917–2008) simulierte 1960 per Computer viele Wettermodelle und formulierte folgende Fragen bzw. Aussagen: Kann der Flügelschlag eines Schmetterlings in Brasilien einen Tornado in Texas auslösen? Kleinste Ursachen haben höchst unterschiedliche Wirkungen. Kleinste Ursachen können größte Wirkung haben.

Benoît B. Mandelbrot (1924–2010) prägte den mathematischen Begriff der »Fraktale« (lat. fractus gebrochen) und war der Meinung, diese Dynamik komplexer Strukturen sei weniger der Logik zugänglich, als der intuitiven Erfassung.

Meine versimpelte Theorie lautet: Es muss erst alles restlos zugrunde gehen, bevor was Neues entstehen kann. Der Zerfall der DDR vollzog sich mit der Grenzöffnung Ungarns am 2. Mai 1989 zu Österreich zuerst chaotisch, aber dann unter der Regie des damaligen Bundeskanzlers Helmut Kohl:

Helmut Kohl äußerte in der IP– Internationale Politik, Zeitschrift der Deutschen Gesellschaft für Auswärtige Politik

(DGAP) – 2011 zur aktuellen Entwicklung und Kursbestimmung: »Die enormen Veränderungen in der Welt können keine Entschuldigung dafür sein, wenn man keinen Standpunkt oder keine Idee hat, wo man hingehört und wo man hin will. Das Gegenteil ist der Fall: Die enormen Veränderungen rufen geradezu nach festen und klaren Standortbestimmungen [...] Mit mir hätte Deutschland nicht gegen den Euro-Stabilitätspakt verstoßen!«

Auch dem Theodor war die Chaos-Theorie bekannt. Er rief den »Rat für gegenseitige Hilfe bedrohter Arten« ein. Die Prophezeiung lautete: »Die werden alle noch ihr blaues Wunder erleben!«

2011 vermeldet das IfD, das Institut für Demoskopie Allensbach als renommiertestes Meinungsforschungsinstituts Deutschlands, welches dem konservativen Spektrum zugeordnet wird, über seine Geschäftsführerin Frau Köcher: »Die Unterschicht (etwa 20 % der Bevölkerung) glaubt nicht mehr daran, den Aufstieg zu schaffen.«

Angela und ich nutzten die Wendezeit zu Klärung folgender persönlicher Angelegenheiten:
- Verkauf der Garage, Darlehenstilgung Theo für den Trabant,
- Verzicht auf die Datsche, Gutachterwert 55.000 DM,
- Meidung des Umgangs mit Richters,
- Abgang aus der Gorbitzer Wohnung und
- Jobsuche, denn die BBS wird liquidiert.

14. Wohneigentum

Wohneigentum kann die sicherste Form von Geldanlage sein. Die Quote ist in Deutschland mit rund 43 Prozent relativ gering. Wir wussten, der Albert wollte sein verlottertes Haus verkaufen. Einst arbeitete er an der BBS des Edelstahlwerkes Freital. Jetzt nicht mehr – er war Alkoholiker. Seine Frau und Sohn Marek lebten unter schweren Verhältnissen. Der Steppke war öfters bei uns. Ich brachte ihm das Schachspiel bei. Die Krankheit von Albert brachte es mit sich, dass er Geld benötigte. Seine Frau war nicht als Eigentümerin des Hauses vermerkt, daher machtlos.

Leider befand sich Alberts Grundstück direkt neben dem von Tim und Tina. Das sahen wir als Handicap. Da sich offiziell die familiären Differenzen über die elterliche Schiene bewegten, hofften wir auf Kulanz. Unsere emotionale Analyse ergab: Bevor der Albert seinen Besitz an einen Fremden veräußerte, wäre er bei uns in besseren Händen!

Schon vor der Fahrt zum Albert nach Pesterwitz wühlten in mir unangenehme Emotionen. Die Frau vom Albert ließ mich ein. Freudig begrüßte mich Marek. Der Albert war gesprächsbereit. Als ich ihm anbot, dass er unsere Komfortwohnung bekam, stimmte er zu. Er forderte noch 26.000 Mark. Ich sagte ihm, er könne sich auf mich verlassen, ich triebe das Geld auf!

Mareks Mutter entließ mich. Sie wusste, ihr Ehemann verscherbelte demnächst das Heim. Es war ihr klar, es wäre nur ein »Ziegenstall«, aber was würde ihr die Zukunft bringen?

Nach der Übereinkunft hatte ich es eilig. Angela meinte, sie wüsste nicht, wie wir den Betrag auftreiben sollten. Mutig marschierte ich zur Zentralstelle der Sparkasse Dresden. Ich verlangte den Direktor. Als er kam, war ich erstaunt: Herr Niedermayer war ein Bayer!

Ich erklärte ihm die Dringlichkeit und dass die Reporter von der Morgenpost »den Schwanz eingezogen hatten«!

Der Herr Niedermayer war logisch veranlagt. »Wissen Sie, Herr Geyer, das ist eine schockierende Geschichte! Sie können in mir aber nur einen Vorposten zur Umstrukturierung sehen! Es gibt noch keine Grundlagen zur Bereitstellung privater Kredite.«

Ich drängelte: »Herr Niedermayer, es handelt sich um läppische 26.000 Ostmark. Das sind umgerechnet 2.600 DM. Wenn wir das Grundstück nicht nehmen, verkauft es der Albert in seinem Suff an den Nächstbesten! Bei uns herrscht Dringlichkeitsstufe eins! Überall sind die Spekulanten aus dem Westen an den Haustüren! Sie und die Sparkasse nehmen doch daurch keinen Schaden! In ein paar Monaten explodieren die Grundstückspreise! Ihre Bank ist tausendprozentig auf der sicheren Seite!«

Der Herr Niedermayer war auch praktisch veranlagt.

»Hören Sie mal zu, Herr Geyer, ich lass mich da von Ihnen breitschlagen! Mir ist so etwas noch nie passiert! Offiziell werden Sie darüber nicht reden! Das nehme ich auf meine Kappe! Ich gehe jetzt in mein Büro und stempel Ihnen eine formlose Kreditbewilligung ab! In fünf Minuten bin ich bei Ihnen und danach werden Sie unsichtbar!«

Seine Tür öffnete sich. »Herr Geyer, herzlichen Glückwunsch, Sie sind der erste DDR Bürger, der einen privaten Kredit erhält! Das verbuchen wir als Konzession und Privatangelegenheit. Es gibt zurzeit keine Formulare und Richtlinien. Unsere Bank ist nicht einmal im Grundbuch eingetragen. Wir stellen keine Forderungen, es sind keine Zinsen fällig. Hier haben Sie die Daten schwarz auf weiß! Wenn der Notar eine Frage hat, weil er so etwas noch nie gesehen hat, soll er mich direkt anrufen! Alles Gute für Ihre Familie!«

Angela war überglücklich, ich auch. Mit der Kreditbewilligung erschien ich beim Albert. Der war wie immer angetrunken. Frau und Sohn verwies er nach nebenan – Männergespräche! Er wollte den Preis hochtreiben, es wären andere Interessenten da.

Ich sagte: »He Albert, mach das nicht, wir sind beide in der Lehrausbildung tätig und ich habe deinem Marek Schach beigebracht. Mehr können wir nicht bieten! Angela und ich sind total blank. Dass die Sparkasse uns den Kredit gibt, ist Glückssache. Ich habe mich auf dein Wort verlassen. Bei Angela und mir ist dein Haus in guten Händen. Der Marek kann jederzeit zum Schach kommen. Und außerdem hab ich für übermorgen in Freital einen Notar bestellt. Letzteres stimmte natürlich nicht …

Wir besiegelten das Geschäft mit Schnaps. Morgen sollte er von mir die genaue Zeit erfahren.

Jetzt benötigte ich wirklich einen Notar. Angela drückte mir die Daumen. Dem Notar in Freital erzählte ich dieselbe Geschichte, obwohl die auch alle im »Staatsdienst« standen, aber ich hoffte auf Menschlichkeit. Als er ungläubig die Bürgschaft des Hauptsitzes der Sparkasse prüfte, sicherte er mir Hilfsbereitschaft zu.

»Gut, kommen Sie, aber sehr früh, ich würde sagen 9 Uhr? Wenn nötig geht es auch bis 12 Uhr, Hauptsache ist, der Albert darf nicht betrunken sein. Die nötigen Unterlagen befinden sich alle bei mir. Ich kläre alles, kenne das Anwesen. Garantieren Sie mir, dass er halbwegs bei klarem Verstand ist!«

Ich fuhr postwendend nach Pesterwitz. Der Albert musste früh nüchtern sein! Dass ich jedes Mal bei Richters am Grundstück vorbei musste, gefiel mir nicht. Ich stellte das Auto abseits an die Garagen. Als hätte sie gewartet, kam Tina. Ich wollte kein Treffen und ging hinter die Garagen. Sie drängte auf Kontakt: »Das habe ich mir gedacht! Feige bist du auch noch! So was Hinterhältiges! Hinter den Garagen verkriechst du dich! Du entkommst mir nicht! Erst wolltest du dich bei den Schwiegereltern ins Grundstück einschleichen und jetzt noch beim Albert! Du solltest dich in Grund und Boden schämen! Die arme Frau weint sich bei mir die Augen aus! Das ganze Dorf hat sich schon aufgeregt! Die wissen alle Bescheid! Du brauchst dich hier nie mehr blicken lassen! So ein verkommenes Subjekt! Du wirst nie unser Nachbar werden! Sieh ja zu, dass du hier wegkommst!«

Ich kam mir vor wie ein Schwerverbrecher. Auf so eine Konfrontation war ich nicht vorbereitet. Dass die Beziehung so gestört war, hätte ich nicht gedacht. Ich ging zum Trabi. Tina folgte schreiend und gestikulierend. Ich startete den Motor und verschwand.

Völlig fertig lenkte ich das Gefährt nach Gorbitz. Angela sah meine Bestürzung. Wir machten einen Spaziergang. Wichtige Themen besprachen wir nicht in den vier Wänden. Wir überlegten, ob wir den Kauf durchziehen sollten und kamen zu dem Schluss, dass uns Tim und Tina kein Glück bringen würden.

Um bei Albert abzusagen, musste ich noch mal nach Pesterwitz. Dem Albert war meine Information egal. Seine Frau funkelte bösen mit den Augen. Marek sah aus, als hätte er nie bei mir Schach gelernt.

Wenig später war das Haus verkauft. Der Albert musste mit seiner Familie raus. Ein Autohändler erhielt den Zuschlag. Das Anwesen blieb leer. Der Käufer war ein Spekulant. Nach zwei Jahren verkaufte er es an Ärzte. Der Abriss erfolgte zügig. Das Anwesen entwickelte sich prächtig. Wir gönnten es den neuen Besitzern. Wenige Jahre später, als wir mit den Eltern Angelas wieder bilaterale Beziehungen unterhielten, urteilte der Herr Richter mit milden Zügen: »Schade, so waren die Zeiten, schade drum, statt der Ärzte hättet ihr Alberts Bruchbude kaufen sollen!«

15. Die Dialektik

Die Dialektik (die Lehre von den Gegensätzen in den Dingen) ist ein uneinheitlich gebrauchter Ausdruck. Darum steht hierfür auch das Wort Diskurs (Aufzeigen von Problemen und Widersprüchen). Heute wird zumeist der Begriff Logik verwendet.

Die Logik (denkende Kunst, Vorgehensweise) ist die Lehre des vernünftigen Schlussfolgerns.

Nachdem Angela und ich die Logik untersuchten, vollzogen wir einen definitiven Bruch mit allen Richters. Schon längst hatten sich Tim und Tina als Okkupanten erwiesen. Bei einer Okkupation (je nach Kontext auch Besatzung) wird ein vorhandenes Hoheitsgebiet, in unserem Fall der Bungalow, durch eine fremde Macht (Tim und Tina) in Beschlag genommen.

Wir waren Schikanen ausgesetzt. Sie montierten die Sitzfläche der Schaukel ab, die einst extra zur Nutzung für alle Kinder auf die Grundstücksgrenze gebaut wurde. Sobald wir anrückten, konnten Enrico und Marleen nicht schaukeln. Das fanden sie gemein, wir auch. Zudem standen im Schuppen fremde Fahrräder und die Spielsachen unseres Nachwuchses waren verstreut. Der »Liliput« rostete im Freien.

Der »Liliput« ähnelt einem Kettcar. Die Firma »Berg« bietet heute ein ähnliches Dreirad an. Der »Liliput« entspricht im hinteren Bereich einem Fahrrad und vorn einem Tretauto. Das Fahrzeug wird seit einiger Zeit wieder unter dem gleichen Namen hergestellt.

Als sich die Lage zwischen uns und Angelas Eltern verschärfte, planten Tim und Tina eine Annexion. Die Annexion (anknüpfen, anbinden) definiert sich als einseitig rechtliche Eingliederung eines bis dahin unter fremder Hoheit stehenden Gebietes. Unser »Häuschen im Grünen« ging formal in ihr Eigentum über.

Dass wir uns des Verwandtschaftsverhältnisses entledigten, fiel nicht leicht! Die Kinder verloren Oma und Opa. Das war ein schwerer Einschnitt in ihr Leben. Ein weiterer kam hinzu – ich musste ein Schichtarbeiter werden.

Der Abschied würde mir schwer fallen. Unsere BBS hatte ein Internat. Hier lebten Lehrlinge aus Kambodscha. Ende des Jahres 1978 wurde Pol Pot vertrieben. Das Regime der »Roten Khmer« tötete schätzungsweise 2 Millionen Einheimische. Die Lehrlinge aus Kambodscha sollten beim Aufbau des Landes helfen. Die DDR hatte 1989 etwa 94.000 Vertragsarbeitnehmer, zumeist vietnamesischer Herkunft, aber auch aus Kuba, Algerien, Mosambik, Angola, Polen und Ungarn.

Mir würden auch die Hilfsschüler fehlen. Ich unterrichtete eine derartige Klasse. Sie erhielten eine Ausbildung als Teilfacharbeiter. Heute gibt es keine Hilfsschulen mehr. Es werden die Namen »Sonderschulen für Lernhilfe« oder »Förderschule mit sonderpädagogischem Förderschwerpunkt« benutzt. Hierbei liegen Gedanken an eine »Euphemismus-Tretmühle« nicht fern. Das ist eine sprachwissenschaftliche Hypothese. Sie besagt, dass sich die Einführung von neuen Wörtern noch mehr ins Negative umkehrt, wenn sich die tatsächlichen Verhältnisse nicht ändern. Die Stigmatisierung der Hilfsschüler als »ausgesonderte« Menschen vergrößerte sich. Wo sie früher in vielen Arbeitskollektiven integriert waren, haben sie heute »geschützte Arbeitsplätze« in »Werkstätten für Behinderte« oder sind im »Zweiten Arbeitsmarkt« beschäftigt.

Ich kündigte die Anstellung an der BBS. Mir reichte die Vorahnung, auf das kleine majestätische Gebäude würden demnächst ehemalige Eigentümer Besitzansprüche stellen. Meine neue Arbeitsstelle sollte langfristige Perspektiven bieten.

Ich war der Meinung, die radikalen Veränderungen im Staatswesen können nicht alle Menschen gut vertragen. Demnach würde es vermehrt zu unspezifischen Abweichungen im Sozialverhalten kommen, auch Verhaltensauffälligkeit und Verhaltensstörung genannt.

Mit dieser Prognose suchte ich das Dresdner »Spezialkinderheim für Schwererziehbare« auf. Der Direktor, Herr Peschel, erklärte mir die Situation: »Herr Geyer, wissen Sie nicht, in was für einer extremen Situation wir hier sind? Die Öffnung der Mauer hat alles elektrisiert! Können Sie sich vorstellen, was für Revolten es gab? Es geht bei uns chaotisch zu! Bis jetzt sind wir eine geschlossene Unterbringung gewesen. Uns ist gerade angeordnet worden, die Gitter von den Fenstern zu entfernen. Das wird die Lage verschärfen! Die Jungs tyrannisieren unser Personal! Wir stehen alle vor einem Zusammenbruch! Sie kommen hier in Verhältnisse, die ich ihnen nicht empfehlen kann! Warum wollen Sie sich das antun?«

Ich fand gute Argumente: »Wissen Sie, zuletzt hatte ich Hilfsschüler ausgebildet, ich kenne das Klientel. Mit denen kam ich gut zurecht. Und außerdem, als ich Schüler war, gab es bei mir auch brenzlige Situationen. Ich fand viele Lehrer in Ordnung, aber meinen Klassenleiter nicht. Andersherum war es auch so. Meine Noten in Betragen und im Gesamtverhalten waren schlecht! Demnach kenne ich beide Seiten der Problematik. Das betrachte ich als Vorteil. Ich sehe keine Schwierigkeiten!«

Der Direktor Peschel war überzeugt. »Dann machen wir es so! Ihr pädagogischer Abschluss ist hochwertig. Im Arbeitsvertrag werde ich Sie als Erzieher führen. Stellen Sie sich das aber nicht zu leicht vor, das sind alles Verrückte hier!«

Damit ich gleich kapierte, was auf mich zukam, wurde mein Tätigkeitsbeginn auf den 1. Mai 1990 gelegt. Der erste Mai als »Kampftag der Arbeiterbewegung«, »Tag der Arbeit«, »Maifeiertag« ist ein gesetzlicher Feiertag in vielen europäischen Ländern. Dazu gehören noch außerdem Brasilien, Mexiko, Thailand, Jemen, Vietnam, China und Nordkorea.

Herr Direktor Peschel war froh, eine unverbrauchte Fachkraft zu bekommen und ich auch, »Verrückte« würde es immer geben! Für mich brachen schöne Zeiten an, aber: »Aller Anfang ist schwer!«

16. Das Experiment

Das Experiment (Versuch, Beweis, Prüfung) ist die einzige wissenschaftliche Methode für zuverlässige Kausalaussagen (Ursache-Wirkungs-Beziehungen). Prinzipiell ist eine Hypothese (Annahme, Vermutung, Theorie) vorangestellt. Die Auswertung des Ergebnisses ist die Schlussfolgerung. Experimente können aus Kostengründen oder ethischen Gesichtspunkten nicht immer zulässig sein. Bei mir war das der Fall.

Mein Zutritt in das »Spezialkinderheim für Schwererziehbare« erfolgte über einen doppelt gesicherten gläsernen Eingangsbereich. Ich klingelte an der Außentür. Der Pförtner erkannte in mir keine Gefahr. Ein kleiner Summton signalisierte, ich könne eintreten. Als ich erklärte, es wäre mein erster Arbeitstag, wusste er Bescheid. Er gab die zweite Tür frei. Ich kam mir vor wie in einem Hochsicherheitstrakt.

Der Herr Direktor begrüßte mich. Meine Gruppenleiterin, Frau Fahrig, wurde mir vorgestellt. Sie, nur wenige Jahre älter wie ich, aber pädagogisch sehr erfahren, würde mich eine Woche einarbeiten.

Unsere Gruppe war in der vierten Etage untergebracht. Ich fand, Frau Fahrig machte ihrem Namen alle Ehre. Das begründete sie mit der neuen Zeit. Sie erklärte mir, die Jungs würden auf militärischen Drill nicht mehr reagieren. Die gesamte Gruppe, acht Straftäter im Altersbereich der Unterstufe, wäre außer Kontrolle. Charakteristische Zeichen wären Aufsässigkeit, Frechheit und Ungehorsam. Zudem lägen die Subjekte ständig auf der Lauer, um Entweichungen zu organisieren. Bis jetzt wäre es gelungen, alle mittels Polizei zuzuführen. Eine Disziplinierung mit Einzelhaft in einer mit Stahl gesicherten Zelle wäre nicht mehr lax durchführbar!

Bei einem Rundgang zeigte sie mir wehleidig diesen Raum. Der gesamte Komplex war in moderner Architektur der

Plattenbauweise errichtet. In dem Hauptgebäude, von einem breiten Treppenhaus über fünf Etagen, ging es beidseitig zu den Wohngruppen. Vom Erdgeschoß gelangten wir zum Speisesaal. Hier wurden alle Mahlzeiten eingenommen. Jeder Wohngruppe war ein Platz zugewiesen. Die Schule, nur intern zugängig, verfügte über eine Turnhalle. Der Außenbereich war mit hohen Stahlrohrzäunen gesichert. Mir gefiel der kleine Sportplatz mit den Handballtoren.

Mit dem Klingelzeichen übernahmen wir die Kinder vom Lehrer. Er wirkte sympathisch. Die Jungs waren neugierig auf mich. Frau Fahrig unterband eine Kontaktaufnahme, wir würden sonst zu spät zum Mittagessen kommen. Der Unterrichtsschluss erfolgte für alle Klassenstufen gleichzeitig. Diszipliniert in langer Reihe vorrückend, erhielten alle ihre portionierten Teller. Die Küchenfrauen waren freundlich. Sie fanden nette Worte. Hier wurde auch das Frühstück und Abendbrot organisiert.

Meine Gruppenleiterin hatte die Hände in den Hüften. Sie überwachte den Ablauf. Interaktionen zwischen den Essbereichen waren unerwünscht. Ich setzte mich zu den Kindern. Erste Gespräche begannen. Frau Fahrig missfiel das. Es wäre ihr lieber gewesen, ich hätte mein pädagogisches Vorgehen mit ihr abgestimmt. Die Erziehungsschwierigen waren sensorisch. »Herr Geyer, wir reden jetzt lieber nicht, Frau Fahrig schaut schon zu uns rüber!«

Geschlossen in Blöcken rückten alle auf ihre Wohnbereiche. Die Unterbringungen waren einheitlich konzipiert, stereotyp symmetrisch. Von einem langen Gang führten die Türen zu den Schlafzimmern. Hier übernachteten vor einigen Monaten noch bis zu vier Kinder. Mit dem Wandel hatten Eltern durchgesetzt, ihre Kinder nach Hause zu bekommen. Demzufolge verblieb nur der »harte Kern« im Heim.

Eine Küchenzeile existierte für interne Feierlichkeiten. Gemeinsam erfolgte die Erledigung der Hausaufgaben. Im Gruppenraum durfte ich Unterstützung geben. Die Überleitung zum Freizeitteil wurde freigegeben, nachdem alle fertig waren. Jetzt gestattete Frau Fahrig allen, ihr beim Basteln zuzusehen. Sie verstand nicht, warum das keiner wollte. Nachdem sie umsonst gute Argumente verteilte und Beleidigungen eingesteckt hatte, fand sie, dass ich mit den »Bastards« Fußball spielen durfte. Da sie mir misstraute, schaute sie uns zu.

Die Dienstzeit verging. Wir rückten zum Abendbrot ein, Fertigmachen zur Schlafenszeit, Übergabe an die Nachtwache. Ich fügte mich, individuelles Arbeiten fehlte mir. Mit Ende der Woche war meine Einarbeitung vollzogen. Ich kannte die Abläufe.

Mit der Autorität von Frau Fahrig war es längst vorbei. Das war ihr klar. Sie beabsichtigte einen Neuanfang in Brandenburg. Ich war darüber froh. Ihre Gängelei hatte dazu geführt, dass sie respektlos angeschrien und fast angespuckt wurde. Hinter dem Rücken wurde ihr der Vogel gezeigt und symbolische Tritte in den Hintern verpasst. Ich sah machtlos zu, wie die »Verrückten« mir dabei zulächelten. Es waren verschmitzte Gesichter, gestählt von der Zuversicht, es würde besser werden. Abends verkündete der Fernseher Nachrichten über die neue Zeit. Die Kinder jubelten, Frau Fahrig wurde fahriger.

In den letzten Tagen ihrer Anwesenheit ließ sie mich mit der Gruppe öfter mal allein. Die Ruhe tat uns gut. Die Nachtwache sorgte sich. Sie konnte im Haus nicht überall zur gleichen Zeit präsent sein. Morgens hatten die »Sträflinge« zu wenig Schlaf, ständig gab es Krawalle. Der Frühdienst übernahm die müde Mannschaft. In der Schulzeit war die Konzentration niedrig, jeden Tag dasselbe Theater.

Ich kündigte an, mit den Burschen nachmittags einen Ausflug zu unternehmen. Das war ein besonderes Vorkommnis. Der Jubel war groß. Ich bat um Ruhe, müsste mit Frau Fahrig alles besprechen. Schockiert nahm sie mich zur Seite.

»Herr Geyer, Sie sind ein absoluter Neuling und naiv dazu! Wissen Sie, was Sie jetzt für einen Schaden angerichtet haben?

Das kann niemand gut machen! Das ist Ihr und mein Untergang! Was sind Sie für ein Träumer! Sobald Sie mit der Gruppe das Gelände verlassen, lösen die sich in Staub auf! Von denen wird keiner zurück ins Heim finden! Die ganzen polizeilichen Zuführungen haben wir tausendmal hinter uns! Wir sind nicht Herr der Lage! Das ist ein Heim für Schwererziehbare! Mich geht das nichts mehr an, ich habe gekündigt!«

Danach verschwand sie und erzählte dem Personal, was uns alle bedrohte. Der Untergang ihrer Gruppe stünde bevor. Die Mitarbeiter schauten mich an, als würde mein letztes Stündchen geläutet haben. Die Insassen des »Inhaftierungslagers« verkündeten, Freigang mit Herrn Geyer zu haben. Alle Parteien schmiedeten Pläne zur Durchsetzung ihrer Interessen, ich nicht.

Offen für das Experiment war Direktor Peschel. Er wusste, wie die Zukunft aussehen musste. Er grüßte respektvoll. Die Lehrer hatten Kunde erhalten. Sie drückten mir die Daumen. Zudem hatte ich Unterstützung durch die Praktikantin. Die Kordula würde mit Fertigstellung ihrer Ausbildung übernommen werden. Wir verstanden uns gut.

In der Stunde der Offenbarung winkte uns Frau Fahrig vom Balkon. Die komplette Besatzung hatte sich an den Fenstern versammelt. Alle schauten auf uns. Wir wohnten zentral gelegen am Rand des Neubaugebietes Dresden-Reick. Die Straßenbahn war in wenigen Minuten erreichbar. Es war sommerlich warm. Die Freiheit wartete, zuvor bat ich am Pförtnerbereich um Aufmerksamkeit. Die »Geister« standen in den Startlöchern. Sie waren unter Starkstrom. Ungeduldig zappelten sie herum:

»Hört mal zu Jungs, wenn wir hier raus gehen, sind tausende Wetten abgeschlossen, dass von euch niemand zurückkommt! Das weiß jeder von uns, oder?«

Alle lachten und stupsten sich an, ich wartete. »O. k., der Plan ist folgendermaßen: Wir nehmen die Straßenbahn, fahren bis zum Pirnaischen Platz. Dort erkläre ich euch ein bisschen was über die Stadt. Auf der Prager Straße essen wir ein Eis, ich bezahle!«

Von einigen kam ein Hurra, von anderen hörte ich, da wären sie schon weg. Ich nickte, zeigte meine Geldbörse und sprach: »Wer abhauen will, den werde ich nicht halten! Wenn ihr schon verschwindet, dann nehmt wenigsten vorher das Eis!«

Die Meinungen waren geteilt. Ich vernahm: »Der ist cool!« Und: »Da bin ich schon über alle Berge!«

Ich winkte ab und beschwichtigte: »Kein Problem, das ist eure Entscheidung! Wer abhauen will, ist weg! Doch ihr solltet wissen, wo ich zu finden bin. Der nächste Halt ist im »Großen Garten«. Am Palaisteich ist ein toller Spielplatz!«

Ich hörte Zustimmung und: »Der spinnt doch!«

Ich wartete, bis Ruhe einsetzte.

»Zwei Dinge noch: Erstens, wir sind nicht bei der Armee, wir laufen nicht in einer Ordnung! Und zweitens: Wir sind 17.30 Uhr zum Abendbrot zurück! Alles klar?«

Die Meute rief »Ja!« und lachte sich eins, ich auch.

»He Jungs, ist doch logisch oder, in Sichtweite des Heimes tut ihr, als könntet ihr euch benehmen, o. k.? Abmarsch!«

Die Sommersonne lächelte mild. Der Trupp fiel sofort auseinander. Einige blieben bewusst zurück, Andere rannten voraus. Ich hörte verschiedene Neckereien:

»Herr Geyer, Herr Geyer, fangen Sie mich, hier bin ich!«

»Der Blödmann, der kann mich mal!«

Wenige verblieben an meiner Seite. Sie fragten: »Was machen Sie, wenn die so frech sind?« »Können wir wirklich abhauen?«

Ich sagte: »Leute, es ist doch alles besprochen! Lass die mal, für die ist das alles Neuland!«

Gemütlich lief ich Richtung Straßenbahn. Ich drehte mich nicht um. An der Haltestelle waren wir vollzählig. Ich hatte mir eine Zigarette angesteckt. Ein Teil der Kinder auch. Ich blieb ruhig, andere nicht. Ich hörte Schmährufe:

»Herr Geyer, Herr Geyer, gucken Sie mal, ich laufe auf die Straße!« Und:

»Ich steig nicht in die Straßenbahn!« Die Passanten beobachteten uns. Ich rief laut: »Jungs, die Linie 9 kommt, alle in den letzten Wagen!«

Ich hörte um das Wartehäuschen Stimmen:

»Niemals, niemals, ihr könnt alleine fahren!« Und: »Ich steig da nicht ein!«

Mich störte das nicht. Die Jungs neben mir schämten sich: »Das die sich nicht benehmen können!«

Die Bahn fuhr ein. Die Wartenden wussten, wir würden hinten einsteigen, also stiegen sie vorn zu. Zielstrebig nahm ich Platz. Der Großteil war mir gefolgt.

Der Straßenbahnfahrer konnte nicht anfahren. Er wollte kein Risiko eingehen. Zwei meiner »Rebellen« hatten provisorisch ein Bein in der Tür. Es klingelte mehrmals zur Warnung. Ich schaute demonstrativ in die Gegenrichtung. Als wir Fahrt aufnahmen, hörte ich: »Herr Geyer, die sind doch noch eingestiegen!« Ich nickte und tat, als wäre das normal.

Alle beobachteten mich. Ich beobachtete niemanden. Ein Teil der Passagiere rückte von uns ab. Ich hörte es hinten rufen: »Herr Geyer, Herr Geyer, gucken Sie mal, mein Kopf hängt aus dem Fenster!«

»Herr Geyer, schauen Sie mal, ich hangel an der Decke!« Und an den Haltestellen:

»Ahoi, Herr Geyer, Sie können mich mal, raten Sie mal wo?«

»Hallo, hören Sie nicht, ich steige jetzt aus!« Und: »Ich bin schon draußen!«

Weil das Gesicht des Rufers vor meiner Fensterscheibe auftauchte und er anklopfte, habe ich kurz gewunken. Dann drehte ich mich weg.

Die Beteiligten reagierten kontrovers. Mein treuer Anhang erklärte, wer gerade wo den Spinner, Hampelmann, Sportler oder den Spötter machte.

Ich kommentierte: »Das lernen die noch!« Und: »Das wird schon.«

Der Straßenbahnfahrer war verzweifelt. Ständig verzögerte sich die Abfahrt. Bei jedem Halt gab es dasselbe Problem. Er war froh, als er mich am Pirnaischen Platz aussteigen sah.

So ging es zur Prager Straße. An der Eisbude staunten alle, jeder hatte sich eine gleich große Portion verdient.

Ich gab Lagebericht: »Mich stört es nicht, wenn die Leute um euch einen großen Bogen machen! Das ist eure Sache! Aber eins muss klar sein: Wenn ihr so blöd seid und denen Zigarettenqualm ins Gesicht blast, braucht sich keiner zu wundern, wenn jemand die Polizei ruft! Dann kann ich für euch nichts mehr tun! Vorschlag: Ihr lasst das Provozieren und wir rauchen alle gemeinsam eine, aber im Großen Garten!«

Jeder reagierte anders:

»Ich mach, was ich will!«

»Halt's Maul, der hat Recht!«

»Wollen Sie das wirklich – mit uns eine Zigarette rauchen?«

»Das darf der doch gar nicht!«

»Ich verschwinde jetzt!«

»Trottel – bleib hier!«

»Ihr benehmt euch wie kleine Kinder!«

»Du bist selber der Kleinste!«

»Ich will mit dem Herrn Geyer eine rauchen!«

»Ich rauche, wann ich will!«

»Das Eis hat dich wohl verblödet?«

»Du bist selbst verblödet!«

»Herr Geyer, wo wollen wir das mit dem Rauchen machen?«

Ich zögerte: »Na ja, das wird nicht einfach. Wir müssen eine Stelle finden, wo uns keiner sieht. Ich weiß ungefähr wo, wir entscheiden das vor Ort!«

Nebenbei nahm ich Schritt auf und zur Kenntnis:

»Das macht der niemals!«

»Könnte sein, das will ich sehen!«

»Ich geh zu meiner Oma!«

»Kippe weg, wir rauchen später!«

»Lass dir von dem nichts sagen!«
»Halt die Klappe, komm mit!«

Unser Zug formierte sich. Im »Großen Garten« wuchs hohes Gras. Alle setzten sich. Ich reichte meine Schachtel rum.
»Nee danke, ich rauche nicht!«
»Ich will auch nicht!«
»Ich habe selber!«
»Mein Vater raucht auch!«
»Und wenn uns einer sieht?«

Ich besprach die Situation.
»Wenn es Ärger gibt und uns einer erwischt, dann rennt jeder weg! Wir treffen uns am Carola-Schlösschen! Wisst ihr, wo das ist?«
Alle kannten die Umgebung. Wie die Murmeltiere und Erdmännchen schaute jeder mal hoch, ob wir noch in Sicherheit waren:
»Der Qualm wird uns verraten!«
»Ich will keinen Ärger!«
»Ich hab noch nie gequalmt!«
»Weichei!«
»Las mich in Ruhe!«
»Warum tun Sie das mit uns?«
Alle sahen mich an. Ich hörte:
»Der will uns bloß rumkriegen!«
»Dummkopf, der ist in Ordnung!«
»Haben Sie Kinder, rauchen die auch?«
»So eine Frage, das macht niemand!«
»Und warum mit uns?«
Mein Text:
»Na ja, besser so, als in der Stadt, oder? Hier regt sich wenigstens niemand über euch auf! Aber wenn das einer erfährt, bin ich gefeuert!«
Das führte zu folgenden Dialogen:

»Ja, in der Stadt, das war lustig! Die haben Augen gemacht!«

»Mach das ja nicht wieder, ich will, dass der Herr Geyer bleibt!«

»Na und! Ich haue jetzt ab!«

»Mach doch, bist ne Niete!«

»Du bekommst gleich Dresche!«

»Ha, ha, da hab ich aber Angst!«

Ich fragte:

»Ist jemand nikotinabhängig? Wenn in Zukunft einer rauchen muss, bekomme ich ein Zeichen. Ich will wissen wer, wann, wo zu finden ist! Ich gebe euch grünes Licht! Ich verlange Ehrlichkeit! Ihr könnt mich auch alles fragen! Mein Wort gilt immer! Keine Lügen, egal um was es sich handelt! Abgemacht? Bekomme ich eure Hand? Ehrenwort?«

Nicht jeder gab Handschlag, einige Gesichter wirkten skeptisch.

»Schaut mal auf die Uhr! Kommen wir pünktlich, schaffen wir das? Also los, aber immer mit der Ruhe!«

Sie berieten Fluchtwege und günstige Strecken. Bis zum Abendbrot würde die Zeit reichen. Keiner steckte sich öffentlich eine Zigarette an, nur ich. Der »wilde Haufen« trottete zivilisierter. Die Straßenbahn hielt ihren Plan ein, wir auch. Im Heim waren wir ermüdet. Keiner schwang die große Lippe. Frau Fahrig wirkte traurig.

Heilpädagogik

Als um 1990 die Gesellschaft sich rasant veränderte, ergriff dies auch das »Spezialkinderheim für Schwererziehbare«. Wir wurden umbenannt in »Kinder- und Jugendheim« und waren »heilpädagogisch orientiert«. Die Heilpädagogik (griechisch holos ganz, aber auch Glück) beinhaltet die ganzheitliche Betrachtung, Behandlung und Integration des Menschen. Ein anerkannter Vertreter ist Werner Eitle (* 1959), approbierter Kinder- und Jugendpsychotherapeut.

Frau Fahrig hatte uns verlassen. Wir durften ihre »Insassen« jetzt ganzheitlich betreuen. Die Kordula erwies sich als Spitzenkraft. Wir bauten neue Strukturen auf. Die zentrale Versorgung war Vergangenheit. Wir erhielten die Finanzhoheit: Lebensmittel, Haushalt, Hygiene, Taschengeld etc. und erledigten die Einkäufe individuell.

Ich wartete im Büro auf Lars und Daniel. Sie legten Quittungen vor und rechneten ab:

»Herr Geyer, haben wir das gut gemacht?«

»Ihr müsst doch wissen, auf was ihr Appetit habt!«

»Für das Wochenende haben wir Spaghetti mit Pasta und Steaks!«

»Das ist gut, sonst alles klar gegangen?«

»Ja, von uns hat keiner was geklaut!«

»Na dann, wollen wir mal sehen, jeder leert die Hosentaschen!«

»Ach, nee, Herr Geyer!«

»Kommt Jungs, wir wollten ehrlich sein!«

Zögerlich kramten sie. Ein kleiner Gummiball, Kaugummis, Schokolade und Zigaretten kamen zum Vorschein:

»Herr Geyer, die Zigaretten sind für Sie!«

»Seid ihr erwischt worden?«

»Nee, wir haben aufgepasst!«

»Danke, dass ihr so ehrlich seid! Aber was soll ich jetzt damit machen?«

»Na, rauchen! Das ist doch ihre Sorte, HB –Hitlers Beste!«

»Jungs, das darf ich nicht und das mach ich auch nicht!«

»Dürfen wir die rauchen?«

»Lasst das Zeug liegen, ich berate mich mit Kordula!«

»Bekommen wir jetzt eine Strafe?«

»Nein, ich strafe niemanden!«

»Und sagen Sie das auch nicht unseren Eltern?«

»Nein, das bleibt unter uns!«

»Oh danke, und nun?«

»Ihr wart fleißig, ihr habt frei! Der Sören kümmert sich um das Abendbrot!«

»Hurra, können wir jetzt gehen?«

»Stop, so einfach wird das nicht! Ihr geht morgen wieder einkaufen. Die Klauerei muss mal aufhören! Ihr könnt doch Taschengeld bekommen?«

»Taschengeld haben wir noch! Morgen klauen wir aber nicht, echt, versprochen!«

»Na, dann schauen wir mal! Hauptsache ihr seid ehrlich! Ich sehe zwei Möglichkeiten, entweder ich vernichte das Zeug jetzt vor euren Augen, oder ihr gebt das als Fundware morgen wieder ab!«

»Nee, das ist ja gemein! Da blamieren wir uns doch!«

»Na ja, was wollt ihr hören? Andere Angebote habe ich nicht!«

Danach war es eine Weile still. Sie überlegten.

»Werten Sie das heute Abend mit den anderen aus?«

»Nein, ihr seid offizielle Vorbilder! Schließlich habt ihr sonst alles gut gemacht! Insgesamt habt ihr ordentliche Waren besorgt und große Mengen geschleppt! So oder so, die Anderen sind auch nicht besser! Aber weil ich ja auch ehrlich sein muss, wenn die mir beim Abendbrot ganz genaue Fragen stellen, dann sage ich denen einfach, wie es war und wie wir uns geeinigt haben! In jedem Fall bleibt ihr im Schutzprogramm! Keiner kommt zu Schaden! Alles klar?«

Zufrieden verschwanden sie. Abends ergaben sich keine diversen Fragen. Bis sich die Klauerei halbwegs abstellte, dauerte es.

Zur positiven Entwicklung trug der Herr Direktor bei. Er machte uns keine Vorschriften. Das lag daran, weil niemand wusste, wie Heilpädagogik funktionierte.

Von Herrn Peschel holte ich das Geld, was die Renovierung des Bereiches abverlangte. Weil er noch nicht kannte, dass Eigeninitiative spontan sein kann, hatte ich es privat ausgelegt.

Jedes Zimmer verfügte nun über einen farbigen Anstrich. Weil der Herr Peschel neugierig und ein Direktor war, musste er zum Ansehen nicht an unserer Gruppentür klingeln. Wenn er kam, staunte er wortlos. Sorgen bereiteten ihm die Kinder nicht mehr, dafür Kollege Herbert Dickers.

Herr Dickers war für die Frau Fahrig eingestellt worden. Dafür konnte niemanden Schuld zugewiesen werden. Der Herbert war nämlich ehemals ein Offizier von einer Streitmacht, die er nicht nannte. Das war eine Anweisung von ganz weit oben. Genaues sagte er nicht. Weil es seine Einheit nicht mehr gab, war er nun bei uns. Herbert war herben Umgangston gewöhnt und wusste nicht, wie zart er mit den Burschen umgehen sollte. Darum hatte er Stress.

Kordula und ich verstanden ihn. Wenn mit 50 Jahren plötzlich aus einem Offizier ein »Heilpädagoge« werden sollte, war das kompliziert. Er sah das auch so. Leider aß er vor Stress heimlich gern die Bockwürste der gesamten Gruppe. Das kam nicht gut an, besonders nicht bei Kelvin.

18. Schocktherapie Nr. 1

In der Psychiatrie versteht man unter Schocktherapie eine relativ unvorbereitet und plötzlich einsetzende körperliche Behandlung mit ungewohnt stark wirksamen physikalischen oder chemischen Reizen. Eine professionell durchgeführte Therapie beinhaltet, dass der Patient unter keinen Umständen »geschockt«, also überraschend oder ohne sein Einverständnis konfrontiert wird. Uwe Henrik Peters (* 1930), von 1991 bis 1994 Präsident der Deutschen Gesellschaft für Psychiatrie, Psychotherapie und Nervenheilkunde, auch im Grenzbereich von Medizin und Geisteswissenschaft tätig, bezeichnet die Schocktherapie als: »überfallartigen Eingriff in das humorale und neurovegetative Gleichgewicht zur Behandlung psychischer Störungen«.

Kelvin (»hübsch, anmutig von Geburt«) hatte zwei Gesichter. Das lag daran, weil Kelvin zugleich eine gesetzliche Temperatureinheit ist. Diese thermodynamische Temperaturskala wurde nach Lord Kelvin (1824–1907) benannt, dem Professor der Naturphilosophie, der das erste britische Laboratorium für Physik gegründet hatte.

Unser Kelvin war echt wetterfühlig. Er konnte sehr temperamentvoll werden. Wenn er mal zu heiß gelaufen war, hielt ihn nichts zurück. Er rastete dann komplett aus. Niemand konnte ihn bremsen. Hinterher war sein Mobiliar im Zimmer zerstört. Keiner getraute sich in seine Nähe. Wer unter seinem Fenster stand, musste wachsam sein. Es kamen Bruchstücke von Einrichtungsgegenständen geflogen.

Bei mir machte er das nicht. Darum war Kelvin froh, wenn ich Dienst hatte. Weil er sich durch mehrere Attacken schon an den Zustand gewöhnen wollte, nahm ich ihn zur Seite.

»Hör mal zu Kelvin, wenn das jetzt öfters vorkommt, dann prägt sich das als ein Verhaltensmuster ein. Das ist etwas, was sich verselbständigt. Es bleibt dann keine Ausnahme mehr. Weißt du, wie ich das meine?«

»Nee, so richtig nicht. Können sie mir das mal erklären?«

»Also Verhaltensmuster sind eingeübte Handlungsweisen. Das kann positiv sein oder negativ. In deinem Fall ist das von Nachteil. Schließlich beschränken die Ausraster dein Selbstwertgefühl. Zudem spricht sich das im Heim rum! Die Anderen gehen dir aus dem Weg! Das merkst du doch, oder?«

»Ja, aber ich kann nichts dafür! Bei Ihnen passiert mir das ja nicht! Verstehen Sie das?«

Ich verstand das gut.

»Ich weiß Kelvin, aber mit der Zeit wird sich die Hemmschwelle runter setzen! Irgendwann explodierst du dann wegen Nichtigkeiten! Hast du vielleicht Streit mit Lars, Daniel oder Sören?«

»Na und, die haben doch auch was auf dem Kerbholz!«

»Hast ja Recht, aber deren Zimmer bleibt ganz! Und schau deins an, willst du in so einem Müllberg leben? Wer soll denn jedes Mal neue Möbel besorgen?«

Das war einleuchtend. Ich fuhr fort:

»Pass mal auf Kelvin, wir brauchen für den Notfall einen Plan!«

»Wie soll denn der aussehen?«

»Na ja, also wenn bei dir mal die Sicherung durchbrennt und ich habe Dienst, dann entwickelst du solche Kräfte, das dich keiner zügeln will! Das heißt also, da muss die gesamte Gruppe helfen!«

»Wie können die mir helfen? Das verstehe ich nicht!«

Ich erklärte es ihm. Als er kapierte, dass es funktionieren könnte, war er einverstanden. Danach mussten alle Jungs im Zimmer antreten. Das fand er gut. Alle hörten gespannt zu.

»Also, wir sind hier zusammen, weil ihr dem Kelvin helfen müsst!«

»Dem ist nicht zu helfen!«

»Halts Maul, du bist auch nicht besser!«

»Ich demoliere wenigstens nicht mein Zimmer!«

»Das ist immer noch besser, als sich an fremden Dingen zu vergreifen!«

»Könnt ihr jetzt mal ruhig sein, der Herr Geyer will was erklären!«

»Ich bin ruhig!«

»Halt du deinen Mund!«

Nun redeten wir eine halbe Stunde. Jeder kannte den Plan. Alle wussten, was zu tun war. Jeder Handgriff musste sitzen. Alle waren einverstanden. Sie hofften, dass es bald passierte, ich auch.

Es verging eine Woche, dann knallten die Türen:

»Herr Geyer, Herr Geyer, es geht los, kommen Sie, schnell!«

Ich hatte keine Eile. Das beruhigte alle, außer Kelvin. Der hatte einen Tobsuchtanfall, mit rotem Kopf, Schaum vor dem Mund, zittrigen Bewegungen und entwickelte gewaltige Kräfte! Alle Kinder standen hinter mir. Ich musste laut werden.

»Kelvin, alles klar? Du weißt, was wir besprochen haben?«

»Ich lass mich nicht anfassen! Ich bringe euch um! Haut alle ab!«

Meine Ruhe war gespielt.

»Daniel, Lars, ihr haltet die Türen auf! Beeilung, macht Betrieb! Sören, dreh die Dusche auf, volle Pulle und eiskalt! Macht schnell! Die anderen bleiben bei mir, vielleicht müsst ihr mir helfen! Los geht's!«

Jetzt zitterten wir synchron. Alle hatten Angst, ich auch. Der Sören war längst losgerannt. Ich versuchte den Kelvin zu packen. Er schrie und schlug wild um sich. Bis ich meine Arme im Griff der Rettungsschwimmer von hinten durchfädeln konnte, dauerte es. Ich schleifte den armen Kerl über den Gang, als würde ich ein Rückenschwimmer sein! Er brüllte und strampelte, sein Kopf stieß nach mir. Wir hörten den Wasserstrahl. Das spornte mich an, den Kelvin auch. Seine Füße verhakten sich wo es ging, jeder Türrahmen wurde ein Hindernis. Die Kinder korrigierten immer effektiver. Ich sah in entsetzte Gesichter. Keiner wusste, wie der Kelvin unter die Dusche sollte, ich auch nicht! Es ging nur, wenn ich meinen Griff nicht lockerte. Demnach wurden wir beide nass.

Uns schockte das kalte Wasser. Ich hielt vor Schreck den Atem an. Der Kelvin atmete zuerst stoßweise extrem laut. Er wurde nur langsam ruhiger. Im Halbkreis standen alle um uns. Ich war total durchweicht. Mir wurde kalt, dem Kelvin auch. Ich fragte ihn:

»Kelvin, ist es jetzt vorbei?«

Er fing an zu heulen, erst laut, dann leiser. Zuletzt klammerte er sich an mich. Das beruhigte alle. Wir glitten zu Boden. Unser Puls regelte sich runter. Ich drehte den Wasserhahn auf Wärme. Das tat gut. Ich fragte noch einmal:

»Kelvin, ist es jetzt gut?«

Er nickte.

»Kann ich dich loslassen?«

Er antwortete nicht. Ich lockerte meinen Griff.

»Kann ich dich jetzt endlich loslassen?«

Er sagte ja.

Ich setzte den Schlusspunkt: »O.k. Kelvin, du hast es geschafft!«

»Sie sind doch auch geschafft!«

Das stimmte, wir alle waren mitgenommen.

Die Kinder holten trockene Kleidung und ein großes Handtuch. Danach warf ich alle raus. »Danke, ihr habt dem Kelvin geholfen! Lasst uns jetzt allein, macht Abendbrot! Kelvin, ich hab Hunger, du auch?«

Er nickte, die heiße Dusche tat gut.

So leise, wie das Abendbrot verlief, war es noch nie gewesen. Die Situation hatte uns schlapp gemacht. Der Kelvin hatte ein schlechtes Gewissen, weil ich keine Wechselsachen hatte. In einer Decke eingewickelt wollte er mich nicht sehen. Ich meinte, der Trockner lief und er wäre viel tapferer gewesen. An diesem Abend gingen sich alle aus dem Weg. Jeder fand Gefallen an seinem Zimmer. Sie lagen zeitig in den Betten. Die Nachtwache wunderte sich.

19. Eigenwillige Erziehungsmethodik

Eigenwilligkeit kennzeichnete die bewegte Zeit. Überall gab es Veränderungen. Unsere Gruppen wurden altersmäßig gemischt. Auch die Behörden wurden flexibel. Zum Teil war das gut, in meinem Fall nicht.

»Kündigung

Sehr geehrter Herr Geyer, mit dem bevorstehenden Beitritt der DDR zur Bundesrepublik nach Artikel 23 des GG und Inkrafttreten der Währungs-, Wirtschafts- und Sozialunion zum 1. Juli 1990, teilen wir Ihnen mit, dass unsere Prüfung ergab, Sie sind als Erzieher tätig. Dafür sind Sie als Ingenieurpädagoge nicht qualifiziert. Hiermit kündigen wir das Arbeitsverhältnis zum 01. Juli 1990. Mit freundlichen Grüßen ...«

Ich formulierte eine Klage gegen den »Freistaat Sachsen«, den es offiziell noch gar nicht gab und ließ mir den Eingang unterschriftlich im Gerichtsgebäude am Günzplatz bestätigen. Angela und ich warteten in banger Hoffnung. Am 1. Juli 1990 würde unser Urlaub beginnen. Wir hatten vom FDGB an der Ostsee einen Ferienplatz erhalten. Das verdankten wir dem Umstand, dass die Ostdeutschen plötzlich alle ins Ausland durften. Einen Tag vor Beginn des Urlaubs erhielten wir Post. Darin war wiederholt zu lesen:

»Sehr geehrter Herr Geyer, mit dem Beitritt der DDR zur Bundesrepublik nach Artikel 23 des GG und Inkrafttreten der Währungs-, Wirtschafts- und Sozialunion zum 1. Juli 1990, müssen wir ihnen mitteilen, dass unsere Prüfung ergab, dass Sie als Erzieher tätig sind. Dafür sind sie ab o.g. Zeitpunkt nicht qualifiziert. Ihr Abschluss als Ingenieurpädagoge entspricht nicht den hiesigen Anforderungen. Aufgrund Ihrer Klage gegen den Freistaat Sachsen gewähren wir Ihnen eine Frist von sechs Monaten, um den Nachweis zu erbringen, dass Sie eine entsprechende

Qualifizierung bereits besitzen bzw. begonnen haben. Mit freundlichen Grüßen …«

Mit gemischten Gefühlen verlebten wir unseren Urlaub. In Binz erholten wir uns von der hektischen Zeit. Danach wurde ich tätig. Über vage Quellen erfuhr ich, das »Institut zur Lehrerbildung Großenhain« wäre umbenannt worden in »Sächsische Fachschule für Sozialpädagogik«. Der dortige Direktor, Herr Locker, bestätigte mir, dass ab dem ersten September ein einjähriger Sonderlehrgang als externe Ausbildung zum Heimerzieher beginnen würde, aber die Kapazität wäre bereits überschritten. Ich argumentierte, dass er meine Frau Angela kennen müsse, sie wäre bei ihm zur Unterstufenlehrerin ausgebildet worden und hätte zu den Besten gehört.

Weil er sich nun an die Angela als Engelswesen erinnerte, wollte er mich zusätzlich in die Klasse nehmen, vorausgesetzt, es läge ein Schreiben zur Delegierung vor. Noch am selben Tag formulierte ich:

»Sehr geehrter Herr Locker,
hiermit bedanken wir uns für die Bestätigung, dass Sie unseren Mitarbeiter, Herrn Falk Geyer, die Teilnahme an der externen Ausbildung zum Heimerzieher ermöglichen. Mit freundlichen Grüßen, Kinder- und Jugendheim Dresden, Direktor Herr Peschel.«

Am nächsten Tag staunte Herr Peschel. Er unterschrieb meine selbstverfasste Delegierung. Drei Jahre später würde ich noch den »Freistaat Sachsen« ins Staunen bringen! Er hatte sich mit meiner beruflichen Degradierung meine Entrüstung zugezogen. Ich würde mich bei ihnen revanchieren. So etwas nennt sich Konsequenz.

Der Begriff Konsequenz (folgen, erreichen) wird unterschiedlich definiert:

Im Bereich der Sozialwissenschaften bezeichnet man damit »positive oder negative Sanktionen auf Grundlage allgemeiner Normen und separater Übereinkünfte«.

In den Erziehungswissenschaften ist damit eine »pädagogisch angemessene Folge zum Verhalten eines Kindes, insbesondere lernwirksame Belohnung für gutes Bemühen, lehrsame Erfahrung« gemeint.

Im Bereich der Philosophie heißt es diesbezüglich: »Wenn A der Fall ist, dann muss oder wird vermutlich oder kann B der Fall sein.«

Meine Auffassungen von Konsequenzen beeinflusste einst mein »Mentor« Holger, der mich in der Studienzeit zum Ingenieurpädagogen mit Wissen versorgt hatte.

Von ihm lernte ich »das Gesetz der Regel«:
- Beim ersten Mal könnte ein Ereignis Zufall sein.
- Beim zweiten Mal könnte das Ereignis eine Regel sein.
- Beim dritten Mal ist der Regelfall bestätigt (Verlust oder Gewinn).

Leider ist das Gesetz der Regel nicht überall bekannt. Das bestätigte mir Direktor Peschel.

Es geschah an einem Wochenenddienst. Über die Nacht hatte ich eine Fahrt nach Bonn absolviert, um mir die Kreditbewilligung für einen Hauskauf in Berbisdorf zu holen. Danach war ich am Samstagmorgen müde. Ich beschloss, meine vier Jungs – ein Teil der Belegung war bei seinen Eltern – sollten sich anpassen. Dazu setzte ich um 10 Uhr alle in meinen privaten PKW, denn Dienstfahrzeuge gab es noch nicht. Wir fuhren in die Sächsische Schweiz. Hier sollten sie sich austoben. Das haben sie ordentlich gemacht. Zum Abendbrot waren wir wieder zurück.

Ich setzte eine Krisensitzung an und erzählte von Bonn. Meine Frage war, ob ich mich auf das Sofa legen könnte, es würde mich nicht stören, wenn sie mit den Tellern klapperten, um das Abendbrot vorzubereiten, ich müsste mal kurz die Augen zumachen. Sie fanden das akzeptabel und versprachen: »Falls Sie schlafen, klar, wir wecken Sie!«

Das Klappern der Teller wirkte beruhigend. Als ich aufwachte, stand mein Direktor vor mir. Niemand weiter war zu sehen. Ich reagierte erschrocken.

»Oh, Herr Peschel, Herr Peschel, was machen Sie denn hier?«

»Das würde ich Sie auch gern fragen!«

»Ich habe geschlafen!«

»Ja, das habe ich gesehen!«

»Wieso kommen sie Samstagabend her?«

»Um nachzusehen, ob alles in Ordnung ist!«

»Also, bei mir ist alles in Ordnung!«

»Ja, das sehe ich!«

»Meine Jungs haben alle ihre Aufgaben!«

»Ja, das merke ich!«

»Die sollten das Abendbrot vorbereiten!«

»Da haben sie Recht!«

»Das sieht doch gut aus, oder?«

»Ja!«

»Die sollten mich wecken!«

»Das dachte ich mir!«

»Der Tisch ist gedeckt, wir könnten jetzt essen?«

»Das wäre nötig!«

»Es ist ein bisschen spät, wie ich merke?«

»Die haben Sie schlafen lassen!«

»Die müssten alle auf ihren Zimmern sein!«

»Das sind sie auch!«

»Auf die kann ich mich verlassen!«

»Das stimmt!«

»Aber, wieso kommen Sie dann zu uns?«

»Ich habe im Treppenhaus gehorcht!«

»Und, ist da was passiert?«

»Ja!«

»Was denn?«

»Bei Ihnen war es so ruhig!«

»Aber das ist doch gut!«

»Ja, aber es sind die Einzigen!«

Zum Glück kam der »verrückte« Kelvin zu uns. Ich fragte ihn:
»Wieso bist du schon im Schlafanzug?«
»Wir wussten nicht, was wir machen sollen.«
»Wieso, wir wollten Abendbrot essen!«
»Aber Sie haben so schön geschlafen!«
»Können wir jetzt essen?«
»Ich hole mal die anderen.«
Herr Peschel war bereits im Gang. Die Kinder sahen ihn verwundert nach. Ich rief hinterher: »Herr Peschel, wollen Sie nicht was mitessen?« Er lehnte ab, er hätte noch zu tun.

Nach meinem Umzug nach Berbisdorf, schrieb mir Herr Peschel, der jetzt kein Direktor, sondern ein Heimleiter war, am 11.04.1991 in mein Arbeitszeugnis:»Herr Geyer ist seit dem 01.05.1990 im Kinder- und Jugendheim Dresden-Reick als Erzieher tätig. Seine Erziehungsaufgaben erstreckten sich auf eine Kindergruppe von acht Schülern im Alter von 7 bis 14 Jahren. Seit Beginn seiner Tätigkeit erfüllte er seine Aufgaben mit Engagement. Während seiner täglichen Arbeit gelang es ihm, Ruhe und Ausgeglichenheit im Kinderkollektiv zu schaffen. Teilweise versuchte sich Herr Geyer in etwas eigenwilligen Erziehungsmethoden, die von seinen Mitarbeitern mit getragen wurden. Seine Delegierung zum externen Studium zeigte bald Ergebnisse. Die Verbindung von sehr guten theoretischen Leistungen und praktischer Umsetzung war in der täglichen Arbeit sichtbar. Hervorzuheben ist sein Durchsetzungsvermögen auf allen Ebenen, sowie seine Offenheit im Umgang mit seinen Mitarbeitern.«

20. Bonn

Dass ich auf der Suche nach Wohneigentum die großherzige Geste des Herrn Niedermayer von der Sparkasse und die des Notars ausgeschlagen hatte, war richtig, löste aber meine Probleme nicht: Erstens waren wir der Gorbitzer Wohnung nicht entflohen. Zweitens wollte ich Tim und Tina ihren Triumph nicht gönnen. Drittens verliere ich nicht gern, weil man da ein Besiegter, Blindgänger und Fehlzünder ist.

Versager werden in der Sprengtechnik in Vollversager, Teilversager, Innen- bzw. Außenversager, Zünd- und Sprengversager gegliedert. Als Ursachen gelten Fabrikationsfehler, Stromausfall und mangelnde handwerkliche Ausführung.

Die Suche nach Wohneigentum lief. Den zweiten Anlauf verdankten wir dem Annoncenteil der »Sächsischen Zeitung«. Die Familie Banik in Wurgwitz, einem Nachbarort von Pesterwitz, bot ihr Haus zum Verkauf. Zum Besichtigungstermin durchfuhr uns ein Schock. Wir befanden uns zwischen feinem Zwirn. Das Haus war solide gebaut. Das Anwesen umfasste viele tausend Quadratmeter unbebaute Hanglage. Es ließ einen freien Blick über Freital-Zackerode bis ins Erzgebirge zu. Der Besitzer sah die Öffnung des »Eisernen Vorhangs« als Zeitfenster. Seine Verwandtschaft wartete im Westen. Es gab einen Notartermin. Sie verlangten 40.000 DM. Das war ein moralisch verwerflicher Spottpreis.

Wir benötigten einen Investor. Unser »Trabi« tuckerte mit neugierigen Kinderaugen nach Berlin-West. Die Banken waren mit unserem Anliegen überfordert. Sie zahlten schnell das Begrüßungsgeld, pro Person 100 DM, und warteten auf den Feierabend. Mit der Maueröffnung herrschten chaotische Szenen. 10.000 Bürger der DDR standen vor den Auszahlungsstellen. Vom 10. bis zum 20. November waren 11 Mio. Besucher gekommen.

Heute freuen wir uns, dass es in Wurgwitz nicht zu einem Besitz-übergang kam. Familie Banik bewahrte Ruhe. Sie schauen jetzt über viele schicke Einfamilienhäuser, wofür sie ihr Land freigaben und wir haben kein schlechtes Gewissen.

Das Sprichwort »Aller guten Dinge sind drei!« ist auf den Thing zurückzuführen. Das war die Volks- und Gerichtsversammlung im germanischen/mittelalterlichen Rechtswesen. Dreimal im Jahr wurde Gericht (Thing) gehalten. Die Angeklagten mussten dreimal geladen werden, bevor sie verurteilt werden konnten.

Unser dritter Fluchtversuch führte nach Moritzburg. Der Ort ist von Dresden-Gorbitz eine halbe Stunde Autofahrt entfernt. Er liegt inmitten eines Landschaftsschutzgebietes und umfasst zudem 418 Hektar Wasserfläche, verteilt auf 22 Teiche.

Von Moritzburg kommen Wanderer auf dem »Nationalen Fernwanderweg Ostsee-Saaletalsperren« durch Berbisdorf. Der Blick richtet sich auf eine alte Wasserburg und die Lößnitz-grundbahn. Diese Schmalspurbahn hat eine Spurweite von 750 Millimetern. Im Volksmund wird sie »Lößnitzdackel« oder »Grundwurm« genannt. Seit 1974 bestimmt ein Traditionsverein das Aussehen der Bahn. Der Verkehr erfolgt mit historischen Lokomotiven und Wagen. Die Berbisdorfer Flur ist im Britischen Museum vermerkt. In London gibt es eine ständige Ausstellung von einem Gräberfund aus der Zeit um 900 v. Christi zu sehen.

Weil auch in Berbisdorf nirgendwo ausgeschildert war, dass jemand seinen Grundbesitz verkauft, fragten wir Einheimi-sche. Wir warteten an alten Bauernhöfen, bis die Hunde ihre Herrchen riefen. Die Mundpropaganda führte uns zu einer aufgegebenen Töpferei. Das Haus wollte sich seit längerer Zeit nicht veräußern lassen.

Es war 1856 als Bruchsteinbau errichtet worden. Das 60 Zentimeter dicke Mauerwerk umfasste auf eineinhalb Etagen

180 Quadratmeter Wohnfläche. Der Zustand war bedenklich. Das bestätigte uns der Eigentümer. Zudem gab es ein Hindernis. Das war ein verdeckter Mangel. Dieser war nicht oft zu sehen. Es lag daran, weil er viel schlief.

Der Makel hieß Barthold. Sein Spitzname war »Batze«. Wenn er wach war, benahm er sich dominant. Das lag am Alkohol und an seinem Besuch. Der Matthias war sein Kumpel. »Matze« und »Batze« hatten vormals in der LPG gearbeitet. Weil sich diese Landwirtschaftliche Produktionsgenossenschaft (LPG) in der Umstrukturierung befand, verloren beide ihre Arbeit.

Der »Matze« hatte Glück im Unglück. Zum einen vertrug er den Alkohol besser, zum anderen erhielt er durch Rückführungsansprüche Ackerland. Matthias wurde ein Großgrundbesitzer. Er verpachtete seine Flächen. Mittendrin in ruhiger Lage stellte er einen Bauwagen auf, setzte eine Veranda davor, markierte sein Reich mit schöner Bepflanzung und lebte ab da als friedlicher Naturbursche.

Der Barthold hatte sein Glück uns und seinem Namen zu verdanken. Barthold bezieht sich auf den heiligen Bartholomäus (Sohn des Furchenziehers). Das war einer der zwölf Apostel. Er gilt in der katholischen Kirche als Märtyrer. Gestorben ist er 71 n. Chr. an einem Märtyrertod. Ihm wurde die Haut abgezogen. Das haben wir nicht getan. Wir haben verhandelt.

Weil der »Batze« seinen Verstand dem Alkohol überlassen hatte, war Matthias sein Anwalt. Der »Matze« erklärte ihm die Umstände. Für »Batze« war alles verwirrend:
- Wir würden das Haus kaufen, falls sich in der Nähe eine Arbeit fand.
- Herr Willig, der Heimleiter vom Kinderheim Moritzburg, würde mich nehmen, konnte aber nicht, weil ihm wegen des Einstellungsstops vom Ministerium für Soziales die Hände gebunden waren: »In Chemnitz sind nur Westbeamte tätig!«
- Käme es zu einer Einstellung, benötigen wir einen Kredit.
- Ein Notarvertrag kommt erst zustande, wenn »Batze« auszieht.

Als Matthias die Zusicherung hatte, dass wir »Batze« den Umzug in unsere zentral beheizte Wohnung kostenlos organisierten, unterschrieben wir alle den Vertrag.

Den jetzt benötigten Kredit organisierte uns Herr Hortig. Das war ein kleiner Finanzberater. Er wollte im Osten Pionierarbeit leisten.

Die Branche wäre im Westen aufgeteilt, die DDR ein Paradies – Goldgräberstimmung, Schneeballsystem, schnelles Geld und ob ich nicht auch reich werden wollte.

Der Begriff des Finanzberaters ist im Gegensatz zum Versicherungsberater nicht gesetzlich geschützt. Formell ist er unabhängig von Produktanbietern, jedoch an einen zweifelhaften Finanzvertrieb gebunden.

Herr Hortig erklärte mir die Vermögensbildung. Demnach wäre ich längst Millionär, hätte mein Großvater für mich um 1900 für einen Dollar an der Börse eine Aktie erworben. Das glaubte ich ihm nur bedingt.

Danach interessierte mich das Bankwesen. Zur Belohnung bekam ich von Herrn Hortig ein Angebot für eine Anstellung. Das lag daran, dass ich keine Briefmarken wollte. Er meinte, die Kreditanträge der DSL-Bank würden auf dem Postweg nach Bonn geschickt, ich nicht.

Mein Motor lief heiß, als ich am Freitag um 5 Uhr die damalige Bundeshauptstadt erreichte. In Bonn beschloss der Bundestag am 20. Juni 1991, sich als provisorische Hauptstadt zugunsten Berlins aufzugeben. Dafür sind dort heute 16 Organisationen der Vereinigten Nationen ansässig. Bonn gehört zu den bedeutendsten Universitätsstädten und ist sehr schön am Rhein gelegen, zu beiden Ufern.

Seit 8.30 Uhr wartete ich vor der DSL-Bank. Die Deutsche Siedlungs- und Landesrentenbank oblag bis 1999 mehrheitlich dem Bund. Sie hatte mit Hilfe von öffentlichen Fördermitteln in der Nachkriegszeit den Auftrag erhalten, die Ansiedlung von

Vertriebenen aus den ehemals ostdeutschen Gebieten im ländlichen Raum zu fördern. Meine Familie erfüllte diesen Tatbestand. Wir waren Flüchtlinge.

Als die Bank um 9 Uhr öffnete, griff der Pförtner zum Telefon: »Guten Morgen Herr Zwirner! Entschuldigen Sie, hier ist ein Herr Geyer aus der DDR!«

»Kennen Sie nicht?«

»Er sagt, Sie würden ihn empfangen!«

»Sie wissen nichts von einem Termin?«

»Das weiß er, er würde warten!«

»Um was es sich handelt?«

»Will er nicht sagen, er käme vom ‚Ministerium für Soziales‘ und hätte alle Unterlagen mit!«

»Ja, das weiß ich auch nicht!«

»Ihre Unterschrift würde fehlen und es würde nur fünf Minuten dauern!«

»Ja, ja, das denke ich auch!«

»Aus Dresden! Er ist die ganze Nacht durchgefahren. Ich habe ihm gegen Kopfschmerzen ein Aspirin gegeben!«

»Sonstig? Ach so, sonst ist alles in Ordnung!«

»Nein, nein, er will heute noch zurück. Er muss morgen früh auf Arbeit sein!«

»Das ist ihm egal, bis Sie Zeit haben!«

»Ganz normal, aus meiner Sicht!«

»Im Empfangsbereich?«

»Mach ich! Vielen Dank!«

Ein Begleitdienst holte mich ab. Der Herr Zwirner schaute mich neugierig an. Wahrscheinlich hatte er in der DDR keine Verwandtschaft. Ich erklärte ihm die verzwickte Sache:

»Herr Direktor, ich komme vom Chemnitzer ‚Ministerium für Soziales‘! Die können mich nicht im Kinderheim Moritzburg einstellen, weil ich in Berbisdorf zuvor ein Haus kaufen muss. Hier lesen Sie mal, der Matthias ist Zeuge! Der Barthold wird ausziehen, falls Sie mir einen Kredit bewilligen. Ihre Bank trägt kein Risiko! Für 80.000 DM ist im Umland von Bonn niemals ein Haus mit 180 Quadratmeter Wohnfläche zu haben! Und jetzt beginnt erst die Zeit, wo im Osten die Preise stetig steigen. Schauen Sie mal, hier fehlt Ihre Unterschrift. Wenn Sie mal schnell unterschreiben, kann ich gleich nach Chemnitz, die geben grünes Licht nach Moritzbug und dann freut sich der Notar!«

Der Herr Direktor runzelte die Stirn. Er murmelte etwas von übereifrigen Beamten. Danach griff sich Herr Zwirner meine Unterlagen. Die Akteneinsicht ergab, dass Herr Hortig die Kreditanträge ordentlich ausgefüllt hatte.

Ich wurde freundlich entlassen. Kurze Dienstwege wären heute unumgänglich und an ihm sollte das »Ministerium für Soziales« nicht scheitern! Er wünschte mir gute Fahrt.

Im Chemnitzer »Ministerium für Soziales« vermeldete ich, geradewegs von Bonn zu kommen. Das interessierte die Behörde. Der Sozialleiter empfing mich. Ich berichtete von Herrn Zwirner und dass er mich wahrscheinlich mal in Berbisdorf besuchen wollte. Danach erkannte der Herr Sozialleiter meinen Hilfebedarf. Er positionierte sich.

Heimleiter, die an der Hochschule der FDJ zum Pionierleiter ausgebildet wurden, dürften keine Einstellungen vornehmen. Weil mir aber schon die DSL-Bank so unbürokratisch entgegen gekommen war, telefonierte er mit Moritzburg. Herr Willig bestätigte ihm, meine Bewerbungsunterlagen lagen längst zur Unterschrift bereit. Beide waren sich einig, ich hätte mir die Anstellung verdient.

21. Übergabe

Die Zeit war geprägt von Tempo, Provisorien, Druck, Auflösungserscheinungen und Übergabe. Die DDR übergab sich an die BRD und die Volkskammer an den Bundestag.

Von der Korrespondentin Frau Hellemann war in der »Bild am Sonntag« zum 04.09.2011 folgender Kommentar zu lesen:

»Die Bundestagsabgeordneten sind nur einem verpflichtet – dem Wohl der Menschen in diesem Land. Artikel 38 des Grundgesetzes sagt klipp und klar: Die Volksvertreter sind an Weisungen nicht gebunden und nur ihrem Gewissen unterworfen. Die Realität sieht anders aus: Fast alle Gesetze werden unter Fraktionszwang verabschiedet, mit ganz wenigen Ausnahmen. So wurde jüngst die Abstimmung über die Zulassung von genetischen Untersuchungen an künstlich gezeugten Embryonen zur Gewissensfrage erklärt und frei gestellt – obwohl nur 200 Paare im Jahr betroffen sind.

In diesem Monat entscheidet der Bundestag über den Euro-Rettungsschirm. Weil die schwarz-gelbe Mehrheit wackelt, soll Fraktionszwang gelten. Ist der Rettungsschirm beschlossen, haftet Deutschland künftig mit 211 Milliarden Euro für überschuldete Euro-Länder. Geht diese Aktion schief, zahlen noch viele künftige Generationen dafür. Für ein Gesetz, das solch tiefe Spuren in der Gesellschaft hinterlassen kann, darf kein Fraktionszwang gelten – sondern nur die eigene Überzeugung.

Denn wie will die Bundesregierung die Bürger vom Sinn der Euro-Rettung überzeugen, wenn ihre Abgeordneten nur unter Druck zustimmen und den eingeschlagenen Weg eigentlich für falsch halten? Das schafft beim Volk nur Euro-Skepsis und Demokratiefrust.«

Demokratiefrust herrschte auch beim Theodor. Er übergab seinen Direktorenposten. Auch mein Stiefvater gab seine Leitungstätigkeit ab. Jedoch wurde er nicht arbeitslos, sondern abgesichert. Das erfolgte im Dasein eines Lehrlings. Danach fuhr er eine Straßenbahn. Die NVA übergab das Kommando an die Bundeswehr. Aus dem Oberstleutnant Stramm wurde ein Pfleger für Grünanlagen. Meine Schwester übergab ihren arbeitslosen Ehemann der Wohlfahrt.

Die Kristin konnte mit der Veränderung in der Gesellschaft schritthalten. Sie vertrieb Tupperware. Dazu übergab sie unserer Bevölkerung Lebensversicherungen. Dieses Talent wurde von einer Bank entdeckt. Sie entwickelte ein Qualitätsmanagement. Nun sammelten alle Punkte. Je mehr Kapital sie einfuhr, desto höher war der Punktestand. Diese Punkte bestimmten eine Weiterbeschäftigung. Sie gehörte zu den Besten. Noch mehr Punkte sammelte nur Herr Hortig. Mein ehemaliger Finanzberater ist jetzt Millionär. Er übergibt sein Wissen nur noch an Großkunden. Uns wurde das Haus in Berbisdorf übergeben.

22. Wohnungsübergabe

Nachdem wir Pesterwitz überlassen hatten, räumte sich die Gorbitzer Wohnung nicht ohne Probleme. Es störte die Bücherwand. Die 300 Exemplare wollten nicht auf den LKW.

Angela war konservativ: »Wissen ist Wissen, wo was steht«!

Ich meinte: »Wir würden niemals wissen, wo was steht, wenn wir es gerade benötigen!

Wenn wir den Inhalt nicht sinngemäß im Kopf haben, nützt das beste Buch nichts!

Gleitet das Wissen nicht in eigene Worte, war alles Lesen umsonst!«

Angela war einsichtig. Sie sah den Stapel von ausgeborgten Büchern. Der wuchs jedes Mal, wenn wir neue Westkontakte knüpften. Außerdem konnte der Verlust unserer literarischen Werke wissenschaftlich begründet werden. Schon der Homöopath Samuel Hahnemann († 1843) lehrte, Ähnliches werde durch Ähnliches geheilt.

Wir hätten die Bücherwand gern dem Berthold überlassen. Leider wollte er nicht mehr unser Nachmieter werden. »Batze« beharrte auf Berbisdorf. Als Grund gab er geistige Umnachtung, Schuldunfähigkeit, Zurechnungsunfähigkeit und Unzurechnungsfähigkeit an.

Dazu berief er sich auf den Schuldausschließungsgrund nach § 20 StGB:

»Wer bei Begehung der Tat wegen einer krankhaften seelischen Störung, wegen einer tiefgreifenden Bewusstseinsstörung oder wegen Schwachsinns oder einer schweren anderen seelischen Abartigkeit unfähig ist, das Unrecht der Tat einzusehen oder nach dieser Einsicht zu handeln.« konnte nicht belangt werden.

Zum Beweis trank »Batze« jetzt noch mehr Alkohol. Erst nach Matthias' Argumentation, dass er nicht umsonst als Zeuge gebürgt hatte und unsere Kinder ein ordentliches Zuhause verdient hätten, kam er zur Vernunft. Seine Mutter nahm ihn auf. Sie wohnte schräg gegenüber. Gemeinsam mit dem Matthias trugen wir die Habseligkeiten über die Straße. Im Anschluss schulterte »Matze« den erschlafften »Batze«. Barthold hatte wieder mal etwas nicht vertragen. Die Übergabe verlief emotional. Die Mutter bat, dass wir die Gorbitzer Wohnung für ihren Sohn noch eine Weile offen hielten.

Wir begannen inzwischen im Haus mit der Entrümpelung und Entkernung. Die Entkernung ist ein massiver baulicher Eingriff, wo im Unterschied zum Abbruch das Erscheinungsbild eines Gebäudes äußerlich erhalten bleibt. Für den größeren Abbruch stand ein Container bereit. Hier fand eine illegale Handlung statt.

Der Containerdienst erwies sich als unberechtigter Förderer der Nachwuchsarbeit. Das Kind war 12 Jahre alt, als es die Technik bediente. Leider war die Vier-Punkt-Aufhängung des Containers nicht vorschriftsmäßig. Mit dem Einschalten der Hydraulik hob die Tonnenlast nicht vertikal. Die Schwerkraft ruckte diagonal. Der Schutt schwenkte aus. Danach war mein Handgelenk um 45 Grad aus dem Gefüge. Zudem rasteten die Knorpel und Knochen knirschend ineinander. Das schuppenartige Gebilde sah nicht menschlich aus. Vor Schreck ist das Kind ganz bleich geworden. Der Dienstleistungsunternehmer musste dringend weg. Somit hatte er auf seiner Visitenkarte zur Verweigerung der Ersten Hilfe noch Fahrerflucht und Verletzung der UN-Kinderrechtskonvention von 1989.

Enrico behielt die Nerven. Er alarmierte die Nachbarschaft. Der Herr Pfitzner kannte im Radebeuler Krankenhaus eine Spezialistin. Die Chirurgin war in der UdSSR ausgebildet worden. Sie beherrschte russische Techniken. Die Prinzipien stammten vom Feldlazarett. Die Behandlung dauerte eine reichliche Sekunde.

Sie spitzte ein Lokalanästhetikum ins Handgelenk. Danach befahl sie der Schwester, mich mit den Armen um den Brustkorb fassend am Stuhl zu fixieren. Nun zwängte sie ein Bein zwischen meine Knie. An der Stuhlkante, in gefährlicher Nähe meines Genitalbereiches, fand ihr Schuh Halt. Wild entschlossen sah sie mich an, ich sie nicht. Zur Ablenkung streichelte sie mein verformtes Handgelenk. Dann wurde sie aktiv. Sie rief, als ginge es um Leben oder Tod:

»Schauen Sie raus, da zum Fenster! Dort steht Ihre Lebensversicherung!«

Als ich nichts kapierte und schaute, hörte ich ein fürchterliches Knacken. Damit war die Behandlung abgeschlossen. Sie begutachtete ihr Werk. Meine Hand hatte sich nach dem gewaltigen Ruck so gestreckt, dass sich alle Verschiebungen beseitigt hatten. Ich staunte, die Schwester und Ärztin nicht. Vielleicht mussten sie das jeden Tag machen.

Gemütlich rührte die Schwester Gips an. Die Frau Doktor schrieb etwas in ein Formular. Das war für die Staatsanwaltschaft. Ihre Begutachtung bescheinigte mir eine fünfprozentige irreversible Behinderung. Danach fuhr mich Herr Pfitzner nach Hause. Heute wäre ich bestimmt für längere Zeit von einem Krankenhaus verwaltet worden.

Ich ging zur der Polizei. Der Firmeninhaber des Containerdienstes wurde reumütig. Die Schadensregulierung erfolgte außergerichtlich. Meine Bereitschaft zur Einstellung des Verfahrens wurde mit zweieinhalbtausend D-Mark Schmerzensgeld belohnt. Diese Finanzspritze injizierten wir ins Haus.

Nachdem uns die Mutter von »Batze« signalisierte hatte, ihr Sohn wäre ein hoffnungsloser Fall, konnten wir die Wohnungsübergabe in Gorbitz realisieren. Sie verlief sensationell. Nachdem ich mit Angela die Holzverschalungen geborgen hatte, bemächtigte sich unser die Neugierde. Wir wollten hinter das Geheimnis des tickenden Geräusches kommen. Dazu entfernten wir die Gipskartonwand. Alle Teilchen wurden gesiebt. Es fand sich nichts. Unmut machte sich breit. Wir bereuten den Eingriff. Die Wohnungsverwaltung würde auf Schadensbehebung plädieren.

Als unser Vermieter von den Beweggründen der Wandbeschädigung erfuhr, wollte er sich die Verwüstung der »Staatsreserve« ansehen. Im Übergabeprotokoll der Mietwohnung wurde uns bescheinigt: »ohne bestehende Mängel«. Das nennt sich Kulanz.

23. Lebensqualität

Der Hauskauf erwies sich als Bereicherung. Die Familie rückte in der Not zusammen. Mein Stiefvater gab mir einen guten Rat. Die 180 Quadratmeter Wohnfläche strich ich danach mit geleimter Wandfarbe. Das war kostengünstig und bis in die 1960er Jahre die gebräuchlichste Innenfarbe. Dieses Naturprodukt ist atmungsaktiv, umweltfreundlich, lässt sich einfach auftragen und mit Zusatz von Marmormehl oder Latex können schöne Weißtöne entstehen.

Kristin hatte Kontakt zu unserem Vater aufgenommen. Er hieß immer noch Jendryschik. Er kam mit seiner Frau, ehemals Hartwig. Gemeinsam zupften sie unser Unkraut. Der Bruder meines Vaters, Normen, war jetzt nicht mehr ein bautechnischer Leiter in der Kamenzer Kreisverwaltung, sondern ein Unternehmer. Weil seine Baufirma gut lief, spendierte er uns einen Zaun. Sein Rechtsanwalt schrieb an unseren Verkäufer. Der Text bewirkte, dass uns 25.000 DM wegen verdeckter Mängel rückerstattet wurden. Das freute uns, die DSL-Bank nicht.

Der Herr Pfitzner meinte, wir kommen wegen der vielen Arbeit nicht zum Einkaufen und schenkte uns ständig Tomaten. Danach kochte Angela eine Woche lang Tomatensuppe. Zudem lernten wir seine Bauernregeln schätzen. Hier war zu beachten, dass sie nur regionale Erfahrungen wiedergaben. Ohne Wissen aus welcher Gegend eine Regel kommt, ist sie wertlos.

Bald verfügten wir auf nachbarschaftlicher Leihbasis über alle Werkzeuge nebst Anhänger für unseren PKW. Zum Glück gab es jetzt Baumärkte. Das bäuerliche Ambiente unterstrich ich mit einigen Kubikmetern Holz. Angela strich 18 Fenster. Als wir 100 Zentner Kohle im Keller hatten, konnten wir nachempfinden, wie sich der Winfried im Rentnerdasein fühlte.

Eine Vollsanierung konnten wir uns nicht leisten. Das Haus war ohne standardisierte Gründung. Die Bruchsteine zogen stellenweise viel Nässe. Früher bewährte sich diese einfache Bauweise trotz der Teichgebiete und des daraus resultierenden niedrigen Grundwasserspiegels. Erst mit Zunahme der versiegelten Böden sammelte sich das Wasser von den betonierten Flächen. Es hieß, die Pisten des Flughafen Dresden-Klotzsche würden einen großen Schaden verursachen. Auch der moderne Straßenbau und große landwirtschaftliche Flächen leisteten ihren Beitrag, sodass die Promnitz öfter überlief. Die Ödlandkultivierung von Moor und Heide sowie die Entwaldung forderten ihren Tribut.

Zur dauerhaften Trockenlegung unseres Hauses boten sich drei Möglichkeiten:
1. das horizontale Aufsägen und Einbringen einer Sperrschicht,
2. ein chemisches Injektionsverfahren und
3. die traditionelle Technik der Einheimischen. Sie hatten um die Gründung einen abgedeckten Lüftungsschacht betoniert.

Wir begegneten der Feuchtigkeit mit durchdacht aufgestelltem Mobiliar. So zirkulierte innen die Luft. Unwohl war uns beim Brunnenwasser. Eine manuelle Schwengelpumpe befand sich im Hof. Sie saugte aus einer Tiefe von bis zu acht Metern. Den Innenbetrieb sicherte im Keller ein elektrischer Motor.

Als Berbisdorf an das öffentliche Trink- und Abwassernetz angeschlossen wurde, blieben wir bei »Volvic«. Das natürliche Mineralwasser ohne Kohlensäure hat keine Standzeiten in Gefilden langer Leitungen und ist ohne Aufbereitungsverfahren wie Reinigung, Sterilisation, Enteisung, Enthärtung, Entsalzung sowie Ergänzung von verschiedenen Stoffen zum Einstellen von Parametern.

Wir liebten unser neues Zuhause mit dem nostalgischen Komfort. In der Küche sicherte Propangas die Warmverpflegung.

Romantisch war der Warmluftkachelofen. Dieser Bautyp leitet begrenzt Warmluft über Kanäle in die darüber liegende Etage. Im Winter sind wir alle mit Mütze ins Bett gegangen.

Das Weihnachtsfest wurde im Tanz der Schneeflocken gefeiert. Die Eiskristalle glitzerten überall. Die Seen waren zugefroren, unsere Fensterscheiben klirrten. Die Doppelrahmen dichteten wir behelfsmäßig ab. Im Flur befand sich ein WC für Gäste. Hier stellten wir das Wasser ab. Unser Festessen hatte ich gründlich verdorben. Das lag daran, dass ich den Kindern im Wildgehege Moritzburg etwas lehren wollte.

Dieser Tiergarten ist ein Kleinod. Er wurde für die durch ihre Jagdleidenschaft bekannten sächsischen Kurfürsten anlegt. Die Reste der alten Einfriedung im Bruchsteinmauerwerk werden noch heute zur Abtrennung einzelner Gehege genutzt. Hier leben naturnah über 30 Tierarten, wie Elche, Wölfe, Fischotter, Wildkatzen und Luchse.

Unser Plan war, dass Angela zu den Feiertagen Wild zubereitete. Der hiesige Förster führte uns zum Rot-, Damm- und Schwarzwild. Wir entschieden uns für Reh. Leider vertrugen Marleen und Enrico die Kälte in der Gefrierkammer nicht. Mir wurde auch übel. Das lag am Anblick der toten Tiere. Enrico und ich erholten uns. Marleen nicht, sie verzichtete auf den weihnachtlichen Braten. Dafür wurde sie durch die Überraschungen vom Weihnachtsmann entschädigt. Auch Mädchen begeistern sich an dem dänischen Unternehmen »Lego«. Wir hatten reichlich investiert. Die halbe Wohnstube konnte mit dem Spielzeugklassiker bebaut werden.

Zur Freude unseres Besuches spielte Enrico wieder auf dem Schifferklavier. Das Akkordeon war ein Erbstück von Angelas Großeltern aus Bautzen. Als Lehrerin für Musik und Deutsch lehrte sie Enrico die Noten. Unser Sohn übte fleißig am Handzuginstrument. Seine Finger glitten ohne Anstrengung über die Tastatur. Seine

Augen hefteten sich an die Musikalien. Das Notenblatt wurde artig Seite um Seite umblättert. Er ging umsichtig mit den Druckerzeugnissen um. Zum Schluss klatschten alle. Er nahm es gelassen zur Kenntnis. Nach zwei Jahren Grundlagentraining überraschte uns Enrico. Er stellte Angelas musikpädagogische Anleitung in Frage.

»Mutti, ich muss dir was sagen!«

»Ja, warum so schüchtern?«

»Ich will nicht mehr Akkordeon spielen!«

»Macht nichts, kannst meine Gitarre nehmen!«

»Das ist schon besser!«

»Na siehst du, du wirst eben älter,«

»Na ja, da ist aber noch etwas,«

»Sag es doch einfach!«

»Ich getraue mich nicht.«

»Wir strafen doch nie?«

»Na gut, ich sag es!«

»Ach Enrico, sprich einfach!«

»Ich kann keine Noten!«

»Was erzählst du da? Du spielst doch immer nach Noten?«

»Nee, naja, ich tu nur so.«

»Das verstehe ich nicht.«

»Ich auch nicht.«

»Aber du blätterst doch immer um!«

»Das mach ich doch nur wegen dir!«

»Was heißt denn das jetzt?«

»Ich weiß eben, wenn die Stelle kommt.«

»Das muss ich erst einmal verdauen.«

»Es tut mir so leid!«

»Das muss dir nicht leid tun, hättest bloß eher was sagen können!«

»Aber du hast dir so viel Mühe gegeben!«

»Ist egal, Hauptsache du hattest Spaß.«

»Musik bereitet mir Freude.«

»Na, dann ist ja alles gut.«

Demnach war Enrico ein Autodidakt (selbst, lehren). Unser Sohn fasste das Instrument nie wieder an. Später spielte er ab und an Gitarre.

Zudem stellten wir eine weitere Auffälligkeit fest. Das geschah im Frühling. Enrico wollte nicht in die milde Natur. Das unterschätzten wir anfangs. Wie sich herausstellte, hatte er in Berbisdorf keine Freunde gefunden. Damit er kein Stubenhocker wurde, bekam er eine Medizin –damit er nicht letztendlich »ins Gras beißen musste«. Das Präparat hieß Hausverbot. Es bezog sich auf täglich von 16 bis 18 Uhr. Zuerst reagierte er schockiert. Eine Strafe als Machtmittel kannte er nur vom Hörensagen. Nach ein paar Hintergrundinformationen fügte er sich.

Das Heilmittel schlug sofort an. Es geschah an unserer Haustür. Bereits nach einer Woche klingelte es, bevor die Hausaufgaben erledigt waren. Die drei größten Rabauken von Berbisdorf fragten, ob Enrico endlich käme. Danach freuten sich alle. Auch unsere Waschmaschine. Das Außengelände haftete an seiner Wäsche. Die Reste von krautigen Pflanzen und unscheinbaren Blüten waren vielfältiger Natur. Somit wurde bei uns das Gras nicht zur Lebensgrundlage für die Wiederkäuer und Einhufer genutzt. Nach einer Weile war »Gras über die Sache gewachsen«.

Enrico wurde ein anerkanntes Mitglied dieser »Rammelbande«. Die Gang baute überall Buden und kletterte in gefährlichen Höhen auf alle Bäume, die sich als tragfähig erwiesen. Mit sich herausbildender Koordination, wurde er in der hiesigen Fußballmannschaft gesichtet. Unser Sohn war nur noch einmal traurig. Hierfür trug die Dorfschule Verantwortung. Ihm wurde die Bildungsempfehlung zum Gymnasium verweigert.

24. Das Schulsystem

In Sachsen erfolgte dies im zweiten Halbjahr der 4. Klasse. Eine Bildungsempfehlung für das Gymnasium wurde erteilt, wenn in Mathematik, Deutsch und Heimatkunde der Notendurchschnitt nicht schlechter als 2,0 war und in den weiteren Fächern keine Note 4 oder schlechter. Einbezogen wurde das Arbeits- und Lernverhalten des Schülers.

Ich fragte die Klassenleiterin:
»Wieso? Der Zensurenschnitt legitimiert ihn doch!«
»Das ist nicht ausschlaggebend.«
»Es gibt doch eindeutige Vorgaben!«
»Wissen Sie, es gibt viele gute Schüler.«
»Das nützt mir wenig!«
»Wir müssen differenzieren.«
»Das interessiert mich nicht!«
»Wir haben das in der Lehrerkonferenz bestimmt.«
»Ich will die Direktorin sprechen!«

Die Schulleiterin wurde geholt:
»Warum ausgerechnet mein Sohn?«
»Das müssen Sie akzeptieren!«
»Ich muss überhaupt nichts akzeptieren!«
»Dann können wir ja das Gespräch beenden.«
»Dann reiche ich Klage beim Schulamt ein!«
»Wir halten Sie nicht davon ab!«
»Ich will eine plausible Erklärung!«
»Ihr Sohn ist zu schüchtern.«
»Was hat das damit zu tun?«
»Unsere Gesellschaft verlangt eine Ellenbogenmentalität.«
»Das glaub ich jetzt nicht!«
»Doch, wir haben auch diese Vorgaben!«

»Was heißt das konkret?«

»Ihm fehlt Durchsetzungsvermögen.«

»Weil er ein paar zickigen Mädels keine knallt?«

»Wir haben es so beraten.«

»Definieren Sie so Sozialkompetenz?«

»Nennen Sie es, wie Sie wollen!«

»Seien Sie doch ehrlich, Sie haben Auflage, eine Schülerzahl zu delegieren, so wie derzeitig im Freistaat die Kapazität ist!«

»Das können Sie so nicht sagen.«

»Und weil wir hier erst zugezogen sind, denken Sie, es mit uns machen zu können?«

»Natürlich bildet sich eine Dorfgemeinschaft, aber das wäre eine Unterstellung.«

»Welche Alternative habe ich?«

»Sie könnten in Widerspruch gehen und wird dem nicht stattgegeben, bleibt ihnen der Klageweg offen.«

Danach formulierte ich einen Widerspruch. Er enthielt eine Frist-stellung. Danach würde eine Klage gegen den Freistaat Sachsen folgen. Bis die Antwort kam, ermutigten wir uns. Hierfür kaufte ich Enrico einen riesigen Teddy. Der kostete ein Vermögen. Die Investition brachte Glück. Das Schulamt gab uns einen Termin zur »Nachprüfung«.

Wir unterließen es, extra dafür zu üben. Das würde nur zu Ver-unsicherungen führen. Zum Termin waren nur die Kinder geladen, deren Eltern als »Unruhestifter« eine latente Gefahr darstellten. Nach der Klausur waren alle ratlos. Wir erfuhren nie, mit welcher Zensur Enrico den Test bestanden hatte. Das Gerücht ging um. Demzufolge hätte kein einziger Schüler in Sachsen diese Aufgaben gemeistert. Ich hätte auf »Akteneinsicht« bestanden. Dazu kam es nicht. Wir waren darüber erleichtert. Es erreichte uns ein behörd-liches Schreiben, worin die Aufnahme Enricos am Gymnasium bestätigt wurde. Mir taten alle Kinder von den Erziehungsberech-tigten leid, deren Eltern nicht die Kraft hatten, sich zu wehren.

25. Friedensvertrag

Diesen Kurzschluss im Bildungssystem versuchte mir der Christian zu erklären. Zufällig besuchte uns der älteste Sohn von den Gräfenhainern. Durch seinen in der Sowjetunion begonnenen Bildungsweg, danach tätig als Doktor der Chemie an der TU-Dresden, vermittelte er mir seine Sichtweisen zum bildungspolitischen Hintergrund. Da er mittlerweile das Hobby eines Weidmannes pflegte, fand der Monolog im Wald seinen Widerhall.

»Erstens: Bei der Jalta-Konfernz (4. bis 11.02.45) hatten Stalin (UdSSR), Roosevelt (USA) und Churchill (Vereinigtes Königreich) die Machtverteilung nach Ende des Krieges besprochen. Einigkeit herrschte, dass es statt eines Friedensvertrags mit Deutschland nur eine bedingungslose Kapitulation geben würde.

Zeitens: Eine bedingungslose Kapitulation wirkt allgemein kriegsverlängernd, weil sie Verhandlungen über einen vorzeitigen Waffenstillstand verbietet. Der Verlierer hat kein Mitspracherecht über die Gestaltung der Zukunft. In älteren Formulierungen heißt es: sich auf Gnade oder Ungnade ergeben.

Dittens: Das durch die Besatzungsmächte genehmigte Grundgesetz für die BRD trat am 24.05.1945 in Kraft und wurde handlungsfähig mit Konstituierung des ersten Deutschen Bundestages am 7. September und durch Amtsantritt der Bundesregierung am 20. September. Am 7. Oktober 1949 wurde in der sowjetischen Besatzungszone durch die provisorische Volkskammer die Verfassung der DDR in Kraft gesetzt. Mit dem 12. Oktober trat die DDR-Regierung ihr Amt an.

Viertens: Die DDR wurde zentralistisch regiert. Die BRD existierte in den Rahmenbedingungen eines Staatenbundes und das wäre eine Konzession (zugestehen, erlauben) der Siegermächte. Deswegen gibt es heute 16 Bundesminister. Alle versuchen, sich in Ministerkonferenzen auf Standards zu einigen, was natürlich nicht geht. Wenn der Enrico demnach in Sachsen keinen Zugang zum

Gymnasium erhält, dann kann er in einem anderen Bundesland genommen werden.

Fünftens: Kommt es mit der Globalisierung zu einem vereinten Europa, wird aus der BRD ein Teilstaat. Das heißt, der jetzige Ministerpräsident Sachsens wäre dann lediglich im Status eines Regionalvertreters. Ab da an kann er nicht mehr nach haushaltspolitischer Lage die Zulassungsbedingungen zur Gymnasialstufe regeln. Demnach werden es alle zukünftigen Enricos leichter haben!«

Zu Hause schlussfolgerten wir im Elterngespräch: Wenn heute in Deutschland immer noch die bedingungslose Kapitulation herrscht, dann könnten wir ja wenigstens familiär mit den Richters einen ordentlichen Friedensvertrag aushandeln. Angela war zukunftsfroh. Ich bevorzugte die friedliche Koexistenz.

In der friedlichen Koexistenz verpflichtet man sich zum Zusammenleben unter Wahrung unterschiedlicher Weltanschauungen im Ausschluss eines kriegerischen Konflikts.

Angelas Verhandlungen mit dem Vater verliefen angenehm. Zügig ratifizierten sie. Die Ratifikation (gültig, machen) ist der völkerrechtlich verbindliche Abschluss eines Vertrages durch die Vertragsparteien. Unsere Kinder freuten sich wieder über Oma und Opa. Der Theodor fuhr Enrico und Marleen nach Radebeul zum Karate-Training und bezahlte unseren Trinkwasseranschluss.

Der Vertrag wurde mit der Hinterlegung der Ratifikationsurkunden gültig. Das geschah beim Notar, leider mit Verzögerung. Tim und Tina weigerten sich. Nachdem der Theo drei Wochen mit seinem Sohn die Kommunikation aussetzte, besiegelte Tim am 01.11.1994 für den Teil des Grundstücks eine Verzichtserklärung, auf die er moralisch wegen der geschwisterlichen Gleichstellung nie einen Anspruch hatte:

»Der Erwerber – aber auch Herr Richter junior wegen der an ihm 1982 erfolgten anderweitigen Grundstücksüberlassung – hat die Zuwendung bei gesetzlicher Erbfolge oder im Fall des

§ 2052 BGB nicht zur Ausgleichung zu bringen und nicht auf seine Pflichtteilansprüche beim Tod des Veräußerers anrechnen zu lassen …«

Danach verweigerte Tim seiner Schwester den Handschlag. Er riet ihr zu einem Ehevertrag, die Tina wäre auch nicht im Grundbuch. Daran hielt sich Angela nicht.

Wer ist Angela Geyer? Das frage ich mich auch! Meine Frau ist nicht von dieser Welt. Darum habe ich sie geheiratet. Engel sind Mittler zwischen Gottheit und Welt. Sie wirken ausgleichend, sind sehr bescheiden und bleiben stets im Hintergrund.

Göttliche Wesen erkennen aber nur die, die reinen Herzens sind. Menschen mit hohen Machtansprüchen können sich leicht gegen Engel durchsetzen. Sie wissen, dass die Himmlischen keine Konfrontation eingehen und denken, dass sie Siegertypen sind.

Ihr Bruder würde sie nie verstehen:
»Schau mal, ich habe Kraft!«
»Das will ich aber nicht!«
»Dann wirst du es eben fühlen!«
»Ich kann dafür andere Dinge!«
»Ach, komm schon!«
»Aua, das tut doch weh!«
»Na und, du musst dich wehren!«
»Das will ich aber nicht!«
»Du Schinken, man muss sich wehren!«
»Aber jeder ist anders!«
»Unsinn, der Stärkere gewinnt!«
»Lass mich doch in Ruhe!«
»Du wirst es nie lernen!«

Engel kennen auch keine Intrigen. Sie wissen nicht, wie man das macht! Sie wollen so etwas nicht und verstehen davon nichts. Darum wird Tim sie nie verstehen. Er schließt von sich auf andere

(Projektion: unbewusste Verlagerung) und denkt, alle Männer würden Angela ebenso behandeln, wie er einst als der große Bruder. Das resultiert aus der Theorie der Geschwisterrivalität:

Die Geschwisterrivalität liegt zwischen dem Erstgeborenen und dem zweiten Kind in einem hohen Spannungsverhältnis. Es ist ein sinnloser Kampf um die Gunst der Eltern (Neid, Eifersucht, Missgunst) und führt oft zu Erbstreitigkeiten, Gerichtsverfahren, Konkursverfahren und Firmenteilung.

Mit dem Begriff »Ödipuskomplex« beschreibt Sigmund Freud die Gesamtheit der ambivalenten (Liebes- und feindseligen) Gefühle. Carl Gustav Jung nannte den bei Mädchen ähnlich gelagerten Fall »Elektrakomplex«.

26. Lehrerin

Ab dem Zeitpunkt des Friedensvertrags und mit Inkrafttreten der friedlichen Koexistenz, erwies sich der Theodor im Gegensatz zu seinem bildungsresistenten Sohn als angenehmer Partner. Das durften Tim und Tina aber nicht wissen. Der Theo meinte, bei uns in der Schuld zu stehen. Er suchte nach Möglichkeiten zur Entschädigung. Trotz seiner Angina pectoris (Brustenge, Herzschmerz) mit anfallartiger Durchblutungsstörung, besorgte er sich eine Anstellung als Pförtner alias Wachmann. Er ignorierte alle kapillaren Engstellen und übernahm zusätzliche Nachtdienste.

Mit zunehmender Altersschwäche fehlte der Theodora die Führungsstärke ihres Mannes. Sie schimpfte über seine Rücksichtslosigkeit und seinen Egoismus. Das lag daran, weil sie mit 12 Jahren eine Hirnhautentzündung hatte. Der Theodor sagte: »Aus einer schönen Schüssel kann man nicht essen!«

Ein besonderes Verhältnis entwickelte er später zu Enrico. Beide verbrachten miteinander viel Zeit. Das ergab sich, weil das Gymnasium in Dresden war. Normal fuhr der Linienverkehr über Moritzburg seine Schule direkt an. Aufgrund von gewaltigen Straßenbauarbeiten, die den gesamten Osten im Untergrund mit neuen Medien versorgten, ergaben sich große Umstände. Der Theodor bot Angelas ehemaliges Kinderzimmer zum Wohnen an. Er kümmerte sich liebevoll um seinen Enkel. Ich bekam ein schlechtes Gewissen:

Als Angela 1981 zur Pflege von Winfried den nahe gelegenen Schulbezirk der 38. POS zugewiesen bekam, war das ein großes Glück. Sie übernahm die erste Klasse und unterrichtete sie bis zum Übergang in die Mittelstufe. Die Zusammenarbeit mit den Eltern war vorzüglich. Der Elternbeirat organisierte schöne Exkursionen. Mit der Weißeritztalbahn, der dienstältesten öffentliche Schmalspurbahn Deutschlands, fuhren alle von

Freital durch das Tal der »Roten Weißeritz« nach Kipsdorf ins Osterzgebirge.

Wenn Angela mit ihrer Klasse allein war, erregte sie Aufsehen:

»Hast du so etwas schon mal erlebt?«

»Was meinst du?«

»Wieso lässt man die Knirpse am Bahndamm allein?«

»Das habe ich mich auch schon gefragt!«

»Da muss es doch eine Aufsichtsperson geben!«

»Eigentlich schon.«

»Aber die sind alle so diszipliniert!«

»Darüber habe ich mich auch schon gewundert.«

»Aber, unverantwortlich ist es doch!«

»Na ja, so etwas gibt es eigentlich nicht!«

»He, Kinder, was macht ihr hier so alleine?«

»Wir warten auf den Zug.«

»Von wo kommt ihr?«

»Wir waren wandern.«

»Aber doch nicht ganz alleine!«

»Nö, mit Frau Geyer!«

»Ja, aber wo ist die jetzt?«

»Na hier!«

»Wo denn?«

»Na dort!«

»Ach so, das ist eure Lehrerin?«

»Ja!«

»Die sieht man ja gar nicht.«

»Doch, doch, Frau Geyer, hier ist jemand für Sie!«

»Nee, nee, ist schon gut, entschuldigen Sie, wir haben Sie nur nicht gleich entdeckt.«

»Das liegt an meiner Größe. Ich bin bloß einen Meter und zweiundfünfzig!«

»Das wollten wir damit nicht sagen.«

»Ach, das macht nichts, das geht mir öfter so.«

»Wir haben uns nur gewundert, dass die Kinder so anständig sind!«

»Ja, wir waren heute wandern.«

»Sind Sie wirklich die Lehrerin?«

»Ja, das ist meine Klasse.«

»Na, dann einen schönen Tag noch!«

»Für Sie auch! Kommt jetzt Kinder, der Zug fährt ein!«

»Hurra, ein Doppelstockwagen, dürfen wir oben sitzen?«

»Ja, aber bleibt zusammen.«

»Machen wir!«

Bei der Deutschen Bundesbahn kamen nach 1945, im Gegensatz zur Reichsbahn der DDR, die Doppelstockzüge nicht zum Einsatz. Der VEB Waggonbau Görlitz baute sie zwei- und vierteilig. Im Vorortverkehr heißen die Züge volkstümlich »Wende-Ei« und wegen der beige-braunen Farbgebung »Senftopf«. Mit der Wiedervereinigung (inzwischen Bombardier Transportation) entwickelte sich die Verbreitung. Die Deutsche Bahn plant mit 2013 neue Varianten. Der Ersatz gilt auch für die IC-Züge. Das Görlitzer Traditionsunternehmen exportiert international. Bei »Israel Railways« rollen 147 Doppelstockwagen, weitere 78 sind bestellt.

Die Schulleitung delegierte Angela zu einem musikalischen Lehrgang. Hier wurde sie zur Chorleiterin ausgebildet. Seitdem leitete sie den »Spatzenchor«. Danach wurde sie für höhere Leitungsfunktionen empfohlen. Direktor Herr Eisenhart organisierte eine Befähigung. Die Maßnahme würde ihm gut tun. Frau Geyer könnte als stellvertretende Direktorin sehr ausgleichend neben ihm wirken.

Ich kannte die Lehrerschaft, schließlich war ich hier Schüler gewesen. Als ich 1982 bei der weihnachtlichen Jahresabschlussfeier dem Kollegium zugeführt wurde, gab es ein Innehalten. Alle dachten, ich hätte mich verlaufen. Das löste sich mit herzlichem Hallo. Es gab auch Unverständnis. Angela wurde in die Hinterlassenschaften meines Wirkens von Herrn Rößler eingeweiht. Er riet von einer Verbindung ab. Das begründete er mit der Deutschstunde, wo ich geschlafen hatte und danach die Ringparabel »Nathan der Weise« unterbewusst interpretierte. Mein Klassenlehrer Herr Wolf verhielt sich respektvoll.

1983 erschien die komplette Belegschaft zum Polterabend. Unter Polterabend versteht man in Ostdeutschland, Schlesien und Hinterpommern den Brauch, vor der Heirat dem Brautpaar durch Zerbrechen von Steingut und Porzellan ein Gelingen der Ehe zu wünschen. Es wurde reichlich gebechert.

27. Kinderheim Moritzburg

Das Kinderheim grenzte einerseits an das historische Umfeld des Ortes, anderseits an das Naturschutzgebiet. Das Ambiente mit großzügigen Flächen und altehrwürdigem Aussehen wirkte herrschaftlich. Von einem höher gelegenen zentralen Punkt, wo die Schule regierte, ergab sich ein schöner Blick. Entlang von Kastanien gesäumten Alleen gelangte man zu den einzelnen Häusern. Sie waren im 19. Jahrhundert attraktiv gestaltet worden. In ihnen wohnten auch die Bediensteten.

Mit Berbisdorf wurde der Arbeitsweg für Angela beschwerlich. In Moritzburg beriet sich die Leitung. Einer Einstellung sprach nichts entgegen. Ihr pädagogischer Fachschulabschluss beinhaltete neben der Lehrbefähigung die Ausbildung zur Erzieherin. Darauf beruhte die in den Schulen durchgeführte Hortbetreuung. Somit erhielt sie Angebote für den Gruppendienst und als Lehrerin an der integrierten »Schule für Erziehungshilfe«. Das war eine Mittelschule. Angela mutmaßte, der Freistaat könnte künftig ihre Lehrbefähigung als unzureichend werten. Darum entschied sie sich mit Wirkung vom 07.09.1991 für die Erzieherstelle.

Wir waren gemeinsam in einer Gruppe von Mädchen und Jungen tätig. Der Älteste würde demnächst eine Lehrstelle benötigen, der Jüngste wiederholte gerade die fünfte Klasse. Die vier Mädchen waren in der Pubertät. Die Elternhäuser der Kinder lagen zumeist in Sachsen und Brandenburg. Die Einweisungen erfolgten unter dem Blickwinkel der »letzten Hoffnung«.

Als Angela zu uns kam, freuten sich alle. Engel faszinieren eben ohne ihr Zutun. Mit ihren 1,52 Metern sorgte sie reichlich für Belustigung. Wenn sie von dem Klientel etwas forderte, reagierten alle eigenwillig. Der lange Harry spielte Leuchtturm. Er stellte sich auf die Zehenspitzen, blickte von oben bedrohlich runter und fragte:

»Na, was haben wir denn da?«

Die stachlige Annette maulte zuerst ständig:

»Mach's Brett zu, Alte!«, wich ihr aber nach zwei Wochen nicht mehr vom Rockzipfel.

Die Sandra war intellektuell am wenigsten geschädigt. Sie benötigte abends Ratschläge zur Partnerwahl: »Frau Geyer, wen würden Sie nehmen?«

Der dicke Maik pustete sich auf und winkte danach ab:

»Ach, Frau Geyer, Sie können doch gar nicht schimpfen! Lassen Sie das, da muss ich immer lachen, ich mach schon!«

Mit Angela wurde es nie langweilig. Sie unternahm Fahrradtouren über 100 Kilometer und besuchte in Radebeul die Schwimmhalle. Ich spezialisierte mich auf Sport. Über die Geschäftsstelle von Dynamo Dresden – sie spielten damals in der ersten Bundesliga – erhielt ich Freikarten für die Haupttribüne. Samstags waren wir mit den Älteren in der Großraumdisko »Megadrom« als Stammgäste bekannt. Die örtlichen Videotheken liehen uns die neuesten Filme. Die Feiertage erfreuten uns besonders. Unsere 180 Quadratmeter große Wohnfläche in Berbisdorf eignete sich für eine familienübergreifende Betreuung.

Als das Personal die Mitarbeitervertretung wählte, erhielt Angela so viele Stimmen, dass sie eine Interessenvertreterin wurde. Diese Aufgabe bereitete weniger Schwierigkeiten als die internen Erziehungsstile im Team.

Der Herr Stein meinte zum Wecken: »Ein Glas kaltes Wasser würde Wunder wirken!« Danach war Aufregung angesagt, die Betten nass, Schulverweigerung und explosive Dispute. Die Disputation (berechnen, überlegen, von allen Seiten beurteilen) ist normalerweise ein Streit- oder Lehrgespräch. Zu diesem Zeitpunkt war ich unfähig dazu. Der Mitarbeiter wurde einem toleranteren Team zugeteilt. Angela hätte diese Situation garantiert humaner gelöst. Leider hörte ich nicht auf sie.

Als aus mir neun Jahre später eine reifere Persönlichkeit geworden war, rief ich den Herrn Stein an und entschuldigte mich: »Ich würde die Situation heute besser lösen.« Er reagierte nachsichtig. »Bis zur Rente würde er es noch schaffen.«

Weil Engel immer recht haben, wenn sie sagen: »Alles kommt auf einen selbst zurück«, sühnte sich 20 Jahre später meine Tat. Als Sühne wird ein Urteil in einer Gerichtsverhandlung bezeichnet, wenn ein Mensch schuldig gesprochen wird. Wie damals Herr Stein nicht zur Buße, zu Sonderleistungen oder im Verzicht einen Ausgleich vorbereitete, reagierte ich ebenso störrisch. Damit wurde der Gerechtigkeit genüge getan.

Dafür verzichtete ich auf ein Studium zum Sozialpädagogen. Den Platz erhielt unser Mitarbeiter. Er hatte gar keinen pädagogischen Abschluss. Die Qualifizierung war nötiger, denn Herr Laslo (lass los, loslassen) war ein Mensch mit antiautoritären Zügen. Er versah die Individualitätsentfaltung mit folgenden Konzessionen (zugestehen, erlauben):

»Wenn die Betten nicht gemacht sind, ja mein Gott, das mach ich selbst auch nicht!«

»Haben wir früher die Hausaufgaben immer erledigt?«

»Warum sollten unangenehme Dinge getan werden, die mit Anstrengungen verbunden sind?«

»Wer mit mir lieber zum Angeln geht, ist im Überlebenstraining geschult und zudem entlastet das die Lebensmittelkasse!«

Es war erstaunlich, wie die Gruppe es schaffte, sich mit jedem Dienst auf die unterschiedlichsten Anforderungen einzustellen. Letztendlich führt ein konträrer (gegensätzlicher) Führungsstil aber zu Überforderung und Spannungen.

28. Führungsstil

Unsere Spannungsmessgeräte kamen in kritische Bereiche. Die Diakonie wurde durch Rückführung ihrer Liegenschaften zum Träger der Kinder- und Jugendhilfeeinrichtung. Unsere Heimleitung disqualifizierte sich durch den Atheismus. Sie wurde durch Kirchenpersonal ersetzt.

Der Geschäftsführer Gotthold Liebeskind arbeitete als Diakon im Krankenhaus. Wenn er schwierige Kinder sah, fing er an zu zittern und musste heimlich eine rauchen. Weil er nie zu sehen war, wurde ihm ein Westimport zur Seite gestellt. Andreas (der Name stammt aus der Apostelgeschichte des Lukas) Appohlt war ein Apostel (Gesandter, Sendbote). Er stellte sich so vor:

»Ich habe ein Einstandsgeschenk!«

Wir sahen keins.

»Es wird morgen geliefert!«

Wir wurden neugierig.

»Ein Haflinger!«

Keiner wusste, was ein Haflinger war.

Ein Haflinger ist ein Gebirgspferd. Es ist robust und zählt zu den Kleinrassen. Die DDR importierte diese Tiere seit 1956 für landwirtschaftliche Zwecke. Als vielseitigere Typen gewünscht wurden, kreuzten sie Araber ein. Im Zuchtbestand kamen 1.700 Stuten auf 60 Hengste.

Ich staunte:

»Wozu brauchen wir ein Pferd?«

»Für den Freizeitbereich! Haflinger sind wegen ihres Charakters geeignet und werden zu Kutsch- und Schlittenfahrten eingesetzt.«

»Wer soll sich darum kümmern?«

»Das kann der Hausmeister machen! Die Pferde sind gutmütig und nervenstark.«

»Wird es einen Reitlehrer geben?«

»Herr Geyer, wir sind eine heilpädagogische Einrichtung! So etwas erfolgt extern!«

Die Bruderschaft führte die Frühbesprechung ein. Nachdem der Nachtdienst und das Frühstück gemeistert und die Kinder in der Schule waren, hörte der Psychologe Herr Einzig:

»Ich habe mir einen steifen Nacken geholt, man schläft nicht gut.«

»Das sieht man dir aber nicht an! Du warst beim Friseur?«

»Oh, danke, aber da ist nicht viel von übrig geblieben.«

»Das sehe ich nicht so, zu welchem gehst du?«

Ein Kollege wurde unruhig: »Ich müsste weg, können wir zur Sache kommen?«

Herr Appohl eröffnete: »Na, was haben wir denn heute?«

Ich sagte: »Montag.«

Die Heiligkeit lächelte: »Wie geht's Ihnen?«

Schweigen, alle waren unausgeschlafen.

»Na dann, guten Morgen, was gibt im Haus 1?«

»Die Elena hat der Elvira an den Haaren gezogen! Das Geschrei war ohrenbetäubend!«

Der Psychologe: »Wie haben Sie sich dabei gefühlt?«

»Ich war total entsetzt, das macht man doch nicht!«

Herr Einzig: »Und wie ist das ausgegangen?«

»Ich hab mich wieder beruhigt!«

»Ich meine bei der Elvira.«

»Die hat in der Küche das Geschirr zerschlagen!«

Gotthold Liebeskind war besorgt: »Was für ein Schaden?«

»Drei Tassen, zwei Teller, das muss sie vom Taschengeld bezahlen!«

Die Gestaltungstherapeutin: »Wollen wir sie mal fragen, ob sie bei mir töpfern will?«

Mein Kommentar: »Aus jedem Dorf ein Hund?«, löste Diskussionen aus.

»Man kann aus Ton sehr schöne Sachen machen.«

»Ich finde es besser, wenn sie merkt, was alles kostet.«
»Vielleicht sollte die Elena büßen, schließlich hat sie an den Haaren gezogen!«

Der Heilpädagoge: »Wie ist die Lage im Haus 2?«
»Der Nero ist 22 Uhr nicht pünktlich gewesen! Zur Konsequenz musste er sehen, wo er die Nacht über blieb.«
Der Psychologe: »Hat er sich gefürchtet?«
»Aber doch nicht nachts!«
»Wieso?«
»Der treibt sich gerne rum!«
Der Apostel: »Hat er eine funktionierende Uhr?«
»Natürlich, die ist erst neu!«
Der Psychologe: »Vielleicht hat er keinen Gefallen daran gefunden?
»Die hat er sich selbst ausgesucht!«
»Ja, aber der Geschmack kann sich ändern!«
Ich schaltete mich ein: »Der Nero hat die Nacht bei mir verbracht. Ich konnte ihn nicht wegschicken. Er hat auf dem Sofa geschlafen.«
Da gab es Kontra:
»Das ist Untergrabung der Autorität!«
»Was soll ich machen, wenn ihr den rausschmeißt?«
»Unser Konzept tragen alle Mitarbeiter!«
Gespaltete Ansicht wurden geäußert:
»Bei uns gibt es so etwas nicht!«
»Ihr habt ja auch Kinder, unsere sind Jugendliche!«
»Wenn der nicht beim Falk geschlafen hätte, läge er vielleicht besoffen im Straßengraben!«
»Wer nicht hören will, muss fühlen!«
Die Leitung:
»Wir müssen unterschiedliche Herangehensweisen respektieren, Haus 3!«
»Bei Diebel ist Diebesgut gefunden worden!«

Herr Liebeskind: »Von welchem Laden?«

»Das muss die Kriminalpolizei klären!«

»Wieso wisst ihr das nicht?«

»Er redet nicht mit uns!«

Der Musiktherapeut: »Vielleicht möchte er mit mir Trommeln?«

Der Psychologe: »Fehlte ihm was? Um was handelte es sich?«

»Rasierapparate!«

»Na, ich rasiere mich auch nicht nass!«

»Er braucht keine drei Stück!«

Der Musiktherapeut: »Klangsynthese auf dem Synthesizer?«

Die Gestaltungstherapeutin: »Oh, das ist interessant, ich bringe Fingermalfarben mit!«

»Wir haben die Geräte nicht mehr!«

»Wieso?«

»Im Dienstzimmer ist eingebrochen worden!«

»Wie konnte das passieren?«

»Die Türen taugen nichts!«

Herr Apohl zur Geschäftsführung: »Können wir Sicherheitsschlösser einbauen?«

Gotthold Liebeskind: »Ich schau mal in den Haushaltsplan!«

Weiter ging es mit Haus 4.

»Der Thommy ist vom Fensterbrett gestürzt!«

»Ach so? Aus welcher Etage?«

Das medizinische Interesse vom Gotthold erwachte: »Wie sieht er aus?«

»Keine Ahnung, er ist im Krankenhaus!«

Der Psychologe: »Was hat er sich dabei gedacht?«

»Das wissen wir nicht!«

»Haben Sie ihn nicht gefragt?«

»Er war bewusstlos!«

»War es so schlimm?«

»Nein, Alkohol!«

Überleitung zu Haus 5:

»Der Dracula ist ausgerastet!«

Der Apostel: »Ich habe einen Sandsack, da kann er sich abreagieren!«

»Es war schon Schlafenszeit!«

»Wollt ihr einen Sandsack?« Und zur Leitung: »Was sagt der Etat?«

»Ich müsste Sondermittel prüfen!«

»Was gab es im Haus 6?«

»Dana hatte nachts Besuch!«

»Von Sören?«

»Es muss einer vom Ort gewesen sein, ich habe Fahrradspuren entdeckt.«

»Haben sie Kondome benutzt?«

»Das weiß ich nicht!«

»Fragen Sie bitte!«

»Ich schreibe das ins Dienstbuch!«

»Es gibt Mutter-Kind-Einrichtungen!«

»Können Dana und Sören zur Paartherapie?«

Der Psychologe: »Ich mach mich schlau!«

Ich unterbrach: »Wir müssen wissen, was Sache ist!«

»Die Susi hat ihre Tage!«

»Können Sie das vielleicht unter sich regeln?«

Aktuelles von Haus 7:

»Bei uns ist alles ruhig!«

»Das müssen wir ändern! Eine reine Jungengruppe ist nicht zeitgemäß!«

Der Psychologe: »Worin sehen Sie Ihre Stärken?«

»Das weiß ich auch nicht!«

29. Management

Die pädagogische Leitung: »Die Lichter scheinen düster. Das Heim wirft Schatten!«
Die Geschäftsführung: »Perspektiven bieten medizinisch- therapeutische Bereiche!«
Die Diakonie: »Es gibt Architektenpläne!«

Das Betriebsklima verschlechterte sich. Angela hatte als Mitarbeitervertretung Kenntnis, dass frisches Blut benötigt wurde. Gotthold Liebeskind hatte einen schwachen Moment. Er rauchte seine Zigarette. Angela hörte: »Ich würde am liebsten alle entlassen und nur noch evangelische Christen einstellen!« Das hat sie betroffen gemacht. Wie immer in solchen Momenten schwieg sie. Ein Diakon wurde eingestellt und kurz darauf entlassen. Ganz Moritzburg stand in Frage.

Anmerkung (Spiegel online) vom 15.9.2011:
»Gummersbach – Mitarbeiter in Indien sind im weltweiten Vergleich am stärksten motiviert. Das ist das Ergebnis einer Kienbaum-Studie zum Mitarbeiter-Engagement. Demnach erreichen Inder mit 74 von 100 Punkten den ersten Rang. Auf Platz zwei und drei liegen China mit 67 Punkten und Brasilien mit 64 Punkten. Deutschland belegt hingegen nur Rang neun mit 57 Punkten.«

Zu unseren internen Problemen kamen externe. Die Exekutive (vollziehende Gewalt, ausführen) erschien uns über Herrn Stein. Seine Frau war ein Edelstein und hatte Kenntnis von dem, was uns die Geschäftsführung verschwieg.

Das Schweigen:
- ist kommunikativ eine Methodik unsicherer Menschen,

- führt im pädagogisch Bereich zu schlechten Lösungen,
- nutzt das öffentliche Recht als Zustimmung (Widerspruch einlegen),
- verbietet sich zivilrechtlich als Auslassung (beredtes Schweigen),
- ist nach § 138 StGB eine Straftat: »Wer von dem Vorhaben oder der Ausführung einer gemeingefährlichen Straftat [...] zu einer Zeit, zu der die Ausführung oder der Erfolg noch abgewendet werden kann, glaubhaft erfährt und es unterlässt, der Behörde oder dem Bedrohten rechtzeitig Anzeige zu machen, wird mit Freiheitsstrafe bis zu fünf Jahren oder mit Geldstrafe bestraft.«

Frau Edelstein informierte uns:

»Sehr geehrter Herr Geyer, meine Prüfung hat ergeben, dass Ihr Abschluss als Heimerzieher nicht den Anforderungen entspricht. Auf Grundlage des Beschlusses der 254. Kultusministerkonferenz vom 13./14.06.1991 – Anerkennung von nach Rechtsvorschriften der ehemaligen DDR abgeschlossenen Ausbildung in Erzieher-berufen gemäß Artikel 37 Einigungsvertrag – benötigen Sie eine 120-stündige Anpassungsqualifizierung zum ‚Staatlich anerkannten Erzieher‘. Mit freundlichen Grüßen ...«

»Sehr geehrte Frau Geyer, für Sie trifft die Anerkennung von nach Rechtsvorschriften der ehemaligen DDR abgeschlossenen Ausbildungen in Erzieherberufen gemäß Artikel 37 Einigungs-vertrag nicht zu. Als Unterstufenlehrerin gelten Sie nicht als vorgebildetes Personal. Zur Anpassungsqualifizierung ‚Staatlich anerkannte Erzieherin‘ sind Sie nicht berechtigt. Ihre Tätigkeit wird als Hilfskraft gewertet. Es erfolgt eine Gehaltsanpassung.
Mit freundlichen Grüßen ...«

30. Der Irrtum

Die Arbeitsplätze unsicher, die Qualifikationen ungenügend, die Kirche plante ohne uns – war Moritzbug ein Irrtum? Die Mitarbeiterschaft wurde konvex (nach außen gewölbt) geführt.

Vereinsamt war auch der Haflinger im Gelände. Es hieß, diese Tiere wären sozial unabhängig und benötigen keine Zuwendung. Er fraß sein Gras genügsam bei Hitze ebenso wie im Winter bei minus 10 Grad Celsius. Haflinger dienen heute noch als Tragtiere zur Versorgung von entlegenen Almhütten, wo die Felder zu steil für Traktoren sind oder in verschiedenen Armeen als Rückepferd. Bei uns hatte er nichts zu tun.

Die Erkenntnistheorie meint:»Irren ist menschlich!«
- Hobbes († 1679) und Locke († 1704) sahen die Quellen im Verstoß gegen Logikregeln.
- Kant († 1804) führte die sittliche Unvollkommenheit des Menschen an.
- Hegel († 1831) näherte sich genetischen und rationalen Interpretationen.
Die Dialektik betrachtet den Irrtum als Stufe der Wahrheit (die Wahrheit wird mit zunehmendem Wissen zum Irrtum).

Auch die Handlungspsychologie kennt den Irrtum:
1. Es kommt zu Verirrungen, weil unser logisches Denken von den gesellschaftlichen Normen, Werten und Wirkungsstätten beeinflusst ist.
2. Eine Handlungskette ohne Irrtümer erreichen wir nur durch die Intuition (innere Stimme, AHA-Effekt, Bauchgefühl, glorreiche Idee).

Da wir atheistisch erzogen worden waren, erreichte uns keine göttliche Offenbarung.

Angela meinte: »Wer nicht hören will, muss fühlen!« Bei mir entwickelten sich Schuldgefühle. Das erzeugt Scham. Die Fachliteratur grenzt Scham von Schuld ab:

- Schuld wird durch eine negative Bewertung eines Verhaltens erzeugt (ich habe etwas Falsches getan).
- Scham ist die Erniedrigung des Selbstwertgefühls (ich bin ein schlechter Mensch).

Alte Hausmittel sind eine gute Medizin: »Müßiggang ist aller Laster Anfang!« Und: »Wer nicht wagt, der nicht gewinnt!«

31. Der Präzedenzfall

Ich untersuchte die Lage:

Die BRD hatte in den 1970er und 1980er Jahren an keinem internationalen Schulvergleich teilgenommen. In der DDR waren die mittelmäßigen Ergebnisse der westdeutschen Bildungspolitik (bis auf einige Bundesländer wie z. B. Bayern) bekannt.

Die OECD (Organisation für wirtschaftliche Zusammenarbeit und Entwicklung) hat 34 Mitgliedstaaten und führt ländervergleichende Schulleistungsuntersuchungen, so genannte »PISA-Studien« durch. Die BRD schnitt nicht gut ab. Einige CDU-Kultusminister erwogen die Erstellung eigener Parameter. Die OECD drohte der BRD mit Entzug des Labels »PISA« und bemängelte das dreigliedrige Schulsystem mit Benachteiligung von Kindern aus unteren sozialen Schichten.

Nach der Wende wurde der DDR-Abschluss des Unterstufenlehrers tariflich niedriger eingestuft als der von BRD-Grundschullehrern, und nur in neuen Bundesländern anerkannt. Der Theodor beurteilte das als Ignoranz, Selbstgefälligkeit und Siegermentalität.

Angela durfte in den Klassenstufen 1 bis 4 unterrichten. Wäre sie als Erzieher im Schulhort tätig (Befähigung zur außerunterrichtlichen Tätigkeit) konnte zusätzlich bis zu sechs Stunden wöchentlich unterrichtet werden. Das betraf zumeist Drittfächer (Schulgarten, Sport, Musik Kunsterziehung) oder Vertretungen in Deutsch und Mathematik. Die Lehrberechtigung für das Fach Werken galt bis zur 6. Klasse

Ich wurde beim Direktor des »Instituts zur Lehrerbildung Großenhain« vorstellig. Als ich hier meine externe Ausbildung zum »Heimerzieher« erhalten hatte, hieß die Einrichtung noch »Sächsische Fachschule für Sozialpädagogik«, und inzwischen

»Berufliches Schulzentrum des Freistaates Sachsen«. Ich erklärte Herrn Locker meine Schuldgefühle. Dafür hatte er Verständnis. Ich erhielt die Schlüssel zum Archiv. Ich sichtete und kopierte viele Unterlagen.

Urkunde

Institut für Lehrerbildung
»Käte Duncker«
Großenhain

Studentin Angela Richter – Seminargruppe 76/1

In Anerkennung und Würdigung sehr guter Studienleistungen sowie hoher gesellschaftlicher Aktivitäten im Studienjahr
1978/79
werden Sie mit der Auszeichnung

BESTSTUDENT

geehrt,
Sie erhalten damit gleichzeitig für das Studienjahr 1979/1980 ein monatliches Leistungsstipendium in Höhe von: M 60 (sechzig)

i.A. der GOL	Oberstudienrat Klöber
K. Rienäcker	Direktor

PROTOKOLL

über die Staatliche Abschlußprüfung

Zusammenstellung der Noten
Schriftliche Hausarbeit: 1
Fach:
Pädagogik: 1
Psychologie: 3
Marxismus-Leninismus: 1
Deutsche Sprache: 1
Literatur: 1
Methodik des Deutschunterrichts: 2
Mathematik: 2
Methodik des Mathematikunterrichts: 2
Wahlfach Musik: 1
Methodik des Wahlfachs Musik: 2
Heimatkunde (Vorzensur): 1
Methodik des Heimatkundeunterrichts: 3

schulpraktische Prüfungen
Deutsch: 1
Mathematik: 2
Musik: 2
Gesundheitserziehung: 2
Russisch: 2
Studentische Körpererziehung: 2

Herr/Frau/Fräulein **Angela Richter** hat die
Staatliche Abschlussprüfung mit **Gut** bestanden

Er/Sie hat damit die Lehrbefähigung für den Unterricht in
den unteren Klassen der POS

für die Fächer Deutsch, Mathematik, Musik

und die Befähigung zur Arbeit als Erzieher in Horten und
Heimen erworben.

Die Zentrale Prüfungskommission

Vorsitzender

Viele Dokumente von Kommilitonen erhielten am 11.01.1994 eine Gebührenmarke, Stempel und Unterschrift vom Freistaat Sachsen, vertreten durch das Gemeindeamt Moritzburg sowie dem Beruflichen Schulzentrum Großenhain: »Die vorörtliche Übereinstimmung dieser Abschrift/Kopie mit der Unterschrift/Fotokopie wird hiermit beglaubigt.«

In der Anlage V führte ich den Nachweis von Praktika im Teilberuf des Erziehers mittels beglaubigten Fotomaterials:

- 18.04.–07.05.1977, Hortpraktika 11. POS, Klasse 1b, Hortnerin Frau Ehlig
- 1977, Foto mit Lehrerin Frau Löffler, 11. POS
- 21.07.–06.08.1978, Ferienpraktika Johanngeorgenstadt
- September 1978 und Januar/Februar 1979, Hortpraktika in Kalkreuth (Horterzieherin Frau Brettschneider, Lehrerin Frau Wendland)
- August 1979, Ferienpraktika Zschorna (Bildmaterial vom Indianerfest)
- November1979, Hortpraktika in Lambertswalde (abgebildete Erzieherin Frau ? und Lehrerin Frau Lindner)

Meine Schreiben erreichten das Ministerium mit Friststellung: »Klage gegen den Freistaat Sachsen zur Anerkennung des Erzieherstatus von Angela Geyer«.

Sicherheitshalber übergab ich der Gewerkschaft Erziehung und Wissenschaft (GEW) eine Kopie. Bevor sich der Freistaat Sachsen meldete, bekam ich Post aus Leipzig:

»Sehr geehrter Herr Geyer, Sie können sich gar nicht vorstellen, was Sie uns für eine Freude bereitet haben. Nach Prüfung der Unterlagen sind wir in der Lage, für alle Unterstufenlehrer der DDR die Anerkennung des Berufsabschlusses ‚Erzieher‘ juristisch durchzusetzen. Mit Ihrem Einverständnis erlauben Sie uns, die zugesandten Dokumente im Besitz unserer Rechtsabteilung zu belassen. Der renommierte Anwalt Dr. Raubein hat sich bereits mit der Sächsischen Staatsregierung in Verbindung gesetzt. Bitte bleiben Sie mit uns in Kontakt. Mit freundlichen Grüßen …«

Kurz darauf schrieb der Freistaat Sachsen:
»Sehr geehrter Herr Geyer,
wir haben uns ausführlich mit Ihrem Anliegen beschäftigt und bedanken uns ausdrücklich für das von Ihnen entgegengebrachte Vertrauen.

Aufgrund Ihrer persönlichen Umstände können wir Ihnen kurzfristige Hilfe anbieten.

Wir würden mit einer Ausnahmeregelung für Ihre Ehefrau Angela Geyer ermöglichen, dass sie an dem vom 28.01. bis 16.04.1994 geplanten Anpassungsqualifizierungslehrgang zur ‚Staatlich anerkannten Erzieherin‘ teilnehmen kann.

Damit kommen wir sicherlich Ihren Wünschen entgegen.

Beiliegend bitten wir Sie unterschriftlich zu bestätigen, sowohl jetzt als auch künftig auf eine Klage gegen den Freistaat Sachsen zu verzichten und die von Ihnen eingereichten Materialien nicht an Dritte zur Nutzung anderweitiger Interessen freizugeben.

Wir wünschen Ihnen und Ihrer Familie alles Gute.

Mit freundlichen Grüßen …«

Damit Angela zügig geschult werden konnte, unterschrieben wir. Der Referent Professor Haarklein aus Berlin-West staunte: »So einen Lehrgang hatte er noch nie erlebt!«

Wir unterhielten uns über Montessori († 1952), Albert Schweizer († 1948), kannten Freuds († 1939) Tiefenpsychologie, Adlers

(† 1937) Individualpsychologie , Jungs († 1961) Analytische Psychologie , plauderten über die Anthroposophie Rudolph Steiners († 1925) und landeten bei Nikola Tesla († 1943). Bei den 14 Stunden Religionspädagogik musste er uns helfen.

Am 26.11.1994 erhielt Angela vom Freistaat Sachsen, Oberschulamt Dresden, eine Urkunde. Sie war nun berechtigt, die Berufsbezeichnung »Staatlich anerkannte Erzieherin« zu führen und konnte in allen sozialpädagogischen Tätigkeitsfeldern als pädagogische Fachkraft eingesetzt werden.

Die GEW war sauer. Sie meinte, ich hätte die DDR-Intelligenz verraten. Das sah ich nicht so, schließlich hatte ich ihnen eine Anleitung in die Hand gegeben. Wer gewollt hätte, sich eben solcher Mühen zu unterziehen, dem wäre ein Duplikat gelungen. Somit blieb Angela die einzige Unterstufenlehrerin der DDR mit dem Status »Staatlich anerkannte Erzieherin«.

32. »Staatlich anerkannte Erzieherin«

Seitdem Angela »Staatlich anerkannte Erzieherin« war, erhöhte sich ihre qualitative Fähigkeit. Das lag auch daran, weil sie Kleider trug. »Ach das ist aber niedlich!«

Die Jungen sahen das eher praktisch:
»Sie bläst ja der Wind um!«
»Bis jetzt nicht!«
»Aber ich kann Sie wegschubsen!«
»Warum solltest du das tun?«
»Weil ich stärker bin!«
»Wie soll ich dir dann bei den Hausaufgaben helfen?«
»Ich will Sie ja gar nicht umschubsen!«
»Das weiß ich!«

»Lass ja die Frau Geyer in Ruhe!«
»Ich tue der doch gar nichts!«
»Das will ich dir auch nicht raten!«
»Halt's Maul!«
»Na warte!«
»Frau Geyer, der will mich hauen!«
»Andreas, du wirst dich doch nicht an einen Schwächeren vergreifen?«
»Wenn's sein muss!«
»Ach komm, das ist doch noch ein Kind!«
»Ja, genau, bloß weil du größer bist!«
»Sei ja froh, dass du die Frau Geyer hast!«

Es dauerte nicht lange und Gela bekam einen Spitznamen. Spitznamen können sich aus besonderen Situationen ergeben, von Spott besetzt oder Kosewörter sein, oder Auffälligkeiten einer Person beschreiben. Sie war die Geyer-Biene.

»Wer hat morgen Dienst?« »Die Geyer-Biene!«
»Lass dir von der nichts sagen!« »Die summt sonst wieder!«
»Los, mach schon!« »Achtung, die Biene kommt!«
»Wo hast'n das her?« »Vom Bienchen!«
Oder:
»Oh, Sie sind heute wieder eine flotte Biene!«
»Aber ich steche nicht!«
»Ja, weil Sie keinen Stachel haben!«
»Wie meinst du das?«
»Sonst würden Sie ja ein Igel sein!«
»Ach so.«

Bienen sind ein nützliches Getier. Sie sind Bestäuber und tragen zum Erhalt von Wild- und Kulturpflanzen bei. Gefundene Blütenpflanzen von vor etwa 110 Millionen Jahren weisen bereits Merkmale auf, die auf eine Bestäubung durch Bienen schließen lassen. Die älteste fossile Biene (Trigona prisca) hat ein Alter von fast 80 Millionen Jahren. Sie wurde in Bernstein eingebettet in den USA entdeckt.

33. Urlaubstimmung

Von Angela haben wir das Kochen gelernt. Die DDR-Küche ist teilweise noch heute verbreitet. Sie entstand durch Einflüsse von Bevölkerungen aus ehemalig deutschen Provinzen: Pommern, Schlesien, Ostpreußen, Gebieten der Tschechoslowakei, sowie der Sowjetunion.

Die Versorgung mit Kohlenhydraten, Ballaststoffen und Fett war im europäischen Maßstab ausreichend. Die DDR-Küche fand ihre Verbreitung durch zentralisierte Versorgung in Kantinen, Kindergärten und Schulen. Dazu gehörten insbesondere folgende Gerichte:
- Eintöpfe aus Kartoffeln, Hülsenfrüchten und Kohl, sowie Soljanka,
- Berliner Leber, Thüringer Rostbrätl, Königsberger Klopse, Bockwurst, Currywurst,
- Würzfleisch, Gulaschgerichte, Jägerschnitzel, Brathähnchen (Broiler),
- Pizza (Krusta), Toast Hawaii (Karlsbader Schnitte) und Pommes frites in Gastronomien.

Ich war auf Arbeit einfach strukturiert:
»Wer will heute kochen?«
»Ich, was darf ich machen?«
»Ist mir egal, wird schon schmecken!«
»Dann nehme ich das Rezept von Ihrer Frau!«
»Mach mal, ich wasche auf!«
»Das mach' ich sowieso nicht gern!«
»Dachte ich mir!«
»Und wenn sich einer über das Essen beschwert?«
»Die bringen es auch nicht besser!«
»Da mach ich lieber Kartoffeln, Quark und saure Gurke!«
»Perfekt!«

Da Kochen auch anstrengend sein kann, entschlossen wir uns, diese Tätigkeit im Urlaub einzustellen. Unser Urlaub sollte zu einem Höhepunkt werden. Weil die Höhepunkte sich überschlugen, wurde es ein nachhaltiges Erlebnis.

Die Planung war der Diakonie angepasst. Es hieß, es wäre kein Geld da und Dienstfahrzeuge wären teuer. Da bin ich doch tatsächlich auf die Idee gekommen, nach Schöna in die Sächsische Schweiz zu fahren, dorthin, wo früher die VMA-Ausbildung stattgefunden hatte. Ich dachte, das Trauma wäre überwunden.

Der Name »Sächsische Schweiz« (Elbsandsteingebirge) entstand durch die 1766 an die Dresdner Kunstakademie berufenen Schweizer Künstler Adrian Zingg und Anton Graff, die sich an ihre Heimat erinnert fühlten: »Ostwärts, etwa einen Tagesmarsch entfernt, ein Gebirge mit merkwürdig abgeflachtem Panorama, ohne eigentliche Gipfel.«

Im 19.Jahrhundert begann die touristische Erschließung. 1901 wurde weltweit einer der ersten Oberleitungsbus-Linien in Betrieb genommen. Zu den begehrten Ausflugszielen zählen Schrammsteine, Lilienstein, Gohrisch und Papststein. In dem Gebiet der bizarren Formen vieler Sandsteinfelsen gibt es eine Reihe von Burganlagen:

die Festung Königstein, Burg Hohenstein, Reste von der Kleinen Bastei oder der Burg auf dem Falkenstein. Letzterer ist heute ein Klettergipfel, von denen es in der Sächsischen Schweiz über 1.100 gibt.

Geklettert wird nach Regeln, die als erste ihrer Art entstanden sind:
- Seile, Sicherungspunkte, Ringe dienen nur zur Sicherung.
- Hilfsmittel wie Magnesia, Klemmkeile und Friends sind verboten.
- Gestattet sind nur Knoten- und Bandschlingen.

Über den Urlaub freuten sich alle. Wir Kollegen würden mit Kind und Kegel dabei sein. Laslo war mit Freundin Liane und Tochter Lilo (Kurzform von Liselotte) angekündigt, bei uns Enrico, Marleen und »Morris«.

»Morris« war eine kleine Promenadenmischung. Laslo übergab ihn uns als Hund. Damit aus ihm was Großes wurde, leitete sich sein Name von Philip Morris ab. Philip Morris, im 19. Jahrhundert ein kleiner Tabakhändler, gab den Londoner Kutschern Geld, die dafür Gäste zu ihm lotsten, denen er Zigaretten aus eigener Herstellung verkaufte. Philip Morris International Inc. ist heute einer der größten Hersteller von Tabakprodukten.

Wie sich später herausstellte, war der Hund weiblich. Darum ist »Morris« auch nicht mehr gewachsen.

Wir hatten sie trotzdem lieb. Ihr war die Freiheit der Moritzburger Teichlandschaft wichtig. Hier befreundete sie sich mit den Zecken. Nachdem ihr alle diversen Schädlinge entzogen worden waren, erklärte ich ihr unseren Urlaub.

Angela hatte am Sonntag den Nachtdienst übernommen, morgens würden wir uns treffen. Zuhause war das Auto gepackt. Als ich losfuhr, herrschte rege Stimmung. Das Tier war noch nie im Urlaub gewesen. Darum kam sie nach vorn. Das störte mein Lenkrad. Wir streiften einen Baum und versackten im Feld. Zufällig kamen uns zwei Busse von der Hundestaffel entgegen. Das war für »Morris« ein Trost. Die Polizei meinte, unerklärliche Ursachen wären von Mondphasen abhängig.

Sie kündigten im Kinderheim meine Verspätung an. Herr Engelbert (althochdeutsch: glänzend), der Vorsitzende der Moritzburger Christenheit kam zur Unfallstelle: »Ich bin bloß die Feuerwehr in äußerster Not!« Für mich war er eine Ikone. Ikonen sind Abbilder, Kultus- und Heiligenbilder der Ostkirchen.

Zuerst bestätigte er den Samaritern, ich müsste ins Krankenhaus. Sie meinten, ich wäre nicht richtig im Kopf. Weil das alle so sahen, fügte ich mich. Angela fuhr alleine mit der Gruppe und »Morris« per Zug nach Schöna. Laslo wartete schon. Herr Engelbert fuhr Enrico und Marleen in seinem VW Polo.

Dass ich den Stoßtrupp verpasste, lag vielleicht an meiner Vorgeschichte. Bestimmt sträubte sich mein Unterbewusstsein gegen das Örtchen Schöna so, dass mir einige Synapsen (Kontaktstellen zwischen den Nervenstellen) übergeschnappt waren und meine Neurotransmitter (biochemische Botenstoffe) verunreinigten.

Die Ärzte sagten »Schädelhirntrauma«. Ich plädierte für »Schleudertrauma«. Weil die Ärzte den Krankenkassen nachweispflichtig sind, verordneten sie mir eine Halskrause. Nachdem ich klarer denken konnte (die Beschwerden heilen in der Regel folgenlos aus – Studien zeigen, dass die passive Therapie zur Chronifizierung beiträgt), entließ ich mich auf eigene Verantwortung.

Ich fuhr mit dem Zug nach Schöna. Das Naturfreundehaus »Zirkelsteinhaus«, was früher den Namen des jüdischen Widerstandskämpfers »Hans Danker« trug, lag im Sonnenschein, ich nicht. Ich lag im Bett einer der Blockhütten und überließ Laslo die Leitung. Angela meinte, im Urlaub würde sein Laissez-faire-Erziehungsstil nicht schaden.

Bei einem Laissez-faire-Erziehungsstil sind Eingriffe in die kindliche Entwicklung nicht legitim. Es gibt nur minimale Vorgaben, so dass alles im Wesentlichen sich selbst überlassen wird.
Das hatte ich mir nicht so vorgestellt. Mir wären Wanderungen zum Großen Zschirnstein und die Heimatstube Schöna mit historischen Zeugnissen des Lebens der Einwohner wichtiger gewesen.
Unseren Mädchen und Jungen ging es ohne mich gut. Das schworen alle. Auch gegenüber der Leitung des Naturfreundehauses »Zirkelsteinhaus«. Sie meinte, in den Nächten würden Einbrüche stattfinden. Die Küche befand sich im Stammhaus. Hier fehlten regelmäßig Zigaretten und Alkohol.

Ich versammelte alle und sprach

»Hört mal zu, wir sind jetzt unter uns, wenn das von euch einer war, will ich das wenigstens wissen!«

»Das waren wir nicht!«

Der Laslo fand mich unwürdig:

»Ich finde es nicht gut, wenn jemanden ohne Beweise etwas unterstellt wird!«

Alle schwiegen. Ich ließ nicht locker.

»Selbst wenn das von euch einer war, seid wenigsten so schlau und wiederholt das nicht!«

»Die Gruppe vom Stammhaus ist viel schlimmer wie wir!«

»Was soll das heißen?«

»Gar nichts, ist ja nur so gesagt!«

Laslo war genervt.

»Oh, nee, kannst du uns mal in Ruhe lassen! Wir haben Urlaub!«

Die Truppe schwieg. Die Herbergsmutter rief:

»Wenn ich einen erwische, geht es dem an den Kragen!«

Wir kamen in eine versöhnliche Plauderei. Der Smalltalk erwies sich als nützlich. Von ihr bekamen wir auf der anderen Elbseite eine private Adresse vermittelt. Hier würden wir Quartier beziehen. Nach Schöna war im Dienstplan für Angela und mich richtiger Urlaub geplant.

Am nächsten Tag war Schluss mit dem Geplänkel. Vormittags reiste Herr Engelbert mit seinem VW Polo an. Über Nacht hatten sich die Herbergseltern zum Schlafen in die Küche gelegt. Wir erhielten Hausverbot und reisten vorzeitig ab.

Der Vorsitzende der Moritzburger Christenheit hatte eine ebenso traurige Miene wie ich. Er sagte, dass er von Pädagogik keine Ahnung habe, aber das stimmte nicht. Mit ihm wäre das Moritzburger Kinderheim im sicheren Fahrwasser geschwommen. Er hatte einen klaren Standpunkt: »Vertrauen ist gut, Kontrolle ist besser!«

Das ist eine russische Redewendung. Sie stammt von (Wladimir Iljitsch Uljanow) Lenin († 1924), der 1917 die kommunistische Revolution geführt hatte.

Und: »Wehret den Anfängen!«

Diese Aufforderung ist des römischen Dichters Ovid († 17 n. Chr.) Schrift »Heilmittel gegen die Liebe« zu verdanken.

Der Laslo übte sich in christlichen Texten: »Wer's glaubt, wird selig!«

Das geht auf das Evangelium zurück: »Wer glaubt und sich taufen lässt, wird gerettet; wer aber nicht glaubt, wird verdammt werden.« Die heutige Verwendung bezieht sich auf Naivität.

Unser Einzug in Moritzburg erfolgte ohne Schwatzen und Plauschen. Wir waren geschlagene Ritter mit verstecktem Wappen und gesenkten Schildern. Alle hatten ihre Waffen gestreckt. In den restlichen Tagen zog keiner Schwert, Lanze oder Morgenstern. Zum Essen gab es »Arme Ritter« (Rostige Ritter, Fotzelschnitten).

Das sind einfache Speisen. In einem antiken römischen Kochbuch befindet sich das Rezept: »Zerbrich abgeriebene Siligenen (Winterweizengebäcke), mache größere Häppchen, tauche sie in Milch, röste sie in Öl, übergieße sie mit Honig und serviere sie.«

Das älteste beheimatete Rezept stammt aus dem 14. Jahrhundert und wird im »Deutschen Wörterbuch« der Brüder Grimm zitiert: »snit denne aht snitten arme ritter und backe die in smalze niht zu trüge.«

Unsere halbierten Brötchen und Weißbrotscheiben hat Angela mit einer Mischung aus Milch und Eiern verfeinert. Je nach Rezept kam noch Pflaumenmus oder Konfitüre dazu. Serviert mit Puderzucker und Vanillesauce wurden aus den Armen Rittern Reiche Ritter.

34. Urlaubsbekanntschaften

Unseren privaten Urlaub verlebten wir dort, wo uns die Herbergsleiterin die Unterkunft vermittelt hatte. Wehlen ist ein seit 1972 staatlich anerkannter Erholungsort. Wir wanderten über den Uttewalder Grund zum Felsentor und besuchten die Bastei. Heute bereichern die Stadt Wehlen das Erlebnisbad sowie ein naturgetreuer Modellpark mit 58 aus einheimischem Sandstein nachempfundenen Charakteristiken.

Das Haus lag auf einem Steilhang. Die ehemalige Jugendherberge war aufgegeben worden. Die Versorgungsansprüche waren mit der Wiedervereinigung gestiegen. Lasten aller Art, wie Gepäck und Lebensmittel, konnten nur per Fuß mittels Rucksack oder Seilzugvorrichtung transportiert werden. Die Abgeschiedenheit garantierte Ruhe. Die Sonne lächelte uns schon früh entgegen. Zu uns gesellte sich ein Japaner. Der lächelte auch, wie sich herausstellte, immer. Da haben wir auch gelächelt. Zudem verbeugten wir uns. Das war anstrengender.

Leider sprach er kein Russisch. Darum konnten wir ihn nicht fragen, was er für einer ist. Die Japaner versuchen nämlich seit langem zu ergründen, was sie sind und was sie ausmacht. Dazu hat sich eine eigene Literaturgattung herausgebildet, die als »Nihonjinron« bezeichnet wird. Die einzelnen Thesen sind populärwissenschaftlich – ein Volk auf der Suche nach sich selbst. Wer sich nicht findet, der ist bedroht. Diese Bedrohung heißt Seppuku. Das ist ein altes Ritual der Selbsttötung. Die Suizidrate ist in Japan doppelt so hoch wie bei uns.

Deswegen haben wir uns um ihn gekümmert, aber auch wegen dem Zweiten Weltkrieg. Japan hatte auch das Schicksal der bedingungslosen Kapitulation. Am 26. Juli 1945 gab der US-Präsident Truman ohne Absprache mit der Sowjetunion die »Potsdamer Erklärung« ab, darin heißt es:

»Die volle Anwendung unserer militärischen Macht, gepaart mit unserer Entschlossenheit, bedeutet die unausweichliche und vollständige Vernichtung der japanischen Streitkräfte und ebenso unausweichlich die Verwüstung des japanischen Heimatlandes.«

Am 6. und 9. August 1945 erfolgten die Atombombenabwürfe auf Hiroshima und Nagasaki. Die Explosion tötete direkt 92.000 Menschen, bis Jahresende weitere 130.000, die Folgeschäden waren unermesslich.

International ist das völkerrechtlich, ethisch und politisch umstritten. Der US-Präsident George Bush sen. meinte 1991: »Die Abwürfe haben Millionen von Leben gerettet!«

Dafür, dass wir DDR-Bürger mit der Wende das sowjetisches Brudervolk verloren, haben wir nun die Japaner gewonnen. In Japan wie bei uns gibt es souveräne amerikanische Militärbasen. Wir verstanden uns gut.

Gemeinsame Wanderungen unternahmen wir auf dem »Malerweg«. Der heißt so, weil ihm berühmte Künstler wie Caspar David Friedrich, Carl Gustav Carus und Ludwig Richter folgten. In Ölgemälden hielten sie wildromantische Schluchten und erhabene Tafelberge mit atemberaubenden Aussichten für spätere Generationen fest.

Die Qualität des 112 Kilometer langen Wanderwegs in der Nationalparkregion »Sächsische Schweiz« gehört zu den Traumpfaden Europas und wurde 2008/09 zum »Beliebtesten Wanderweg Deutschlands« gekürt.

Weil der Japaner kein Zeitlimit hatte, erhielt er für Notfälle unsere Adresse. Eines Tages tauchte er bei uns auf. Er lächelte, wir auch, die Waschmaschine nicht. Dafür schenkte er unseren Kindern Münzen, die in der Mitte ein Loch hatten. Diese Glücksbringer waren um den Hals zu hängen.

Wir waren schon zu DDR-Zeiten gute Gastgeber. Die Marina und der Kolja aus Leningrad können das bezeugen. Auf ihrer Hochzeitsreise deckten sie sich bei uns mit Waren ein. Ich bin aber nur einmal mitgegangen. Das lag daran, weil Sommer war. Die Marina Kononowa Wyschikina hat sich auf der Prager Straße so über neue Hausschuhe mit angenähter großer Bommel gefreut, dass sie diese trotz 30 Grad Wärme nicht mehr ausziehen wollte:

»Oh, gutte Schuh, mit … wie Name?«

»Ahh, serrr gutt, Bommel, gutte Bommel!«

»In Tüte? Waruuum? Njet, njet, serrr bequäm!«

Unser Gegenbesuch begann vielversprechend. Das lag an der zwei tägigen Zugfahrt. Die Landschaft durch Polen war völlig anders. Statt unserer großen LPG-Flächen, gab es hier Handtuchfelder von Kleinbauern zu sehen. Unser Ziel hieß Leningrad (ab 1991 wieder Sankt Petersburg).

Leningrad ist die nördlichste Millionenstadt der Welt. Kurz nach der Gründung 1703 durch Peter den Großen, um den Anspruch Russlands zur Ostsee durchzusetzen, hieß sie Sankt-Pieterburch. Der deutsche Name blieb über 200 Jahre. Leningrad. Vom 18. bis ins 20. Jahrhundert war es die Hauptstadt des russischen Kaiserreiches und ein europaweit wichtiges Kulturzentrum. Die Innenstadt ist heute Weltkulturerbe der UNESCO.

Von den 4,8 Millionen Einwohnern kannten wir nur Marina und Kolja. Sie waren beide diplomierte Persönlichkeiten. Er ein Textilingenieur, sie arbeitete als Germanistin an der »Peter-und-Pauls-Festung«. Das ist eine unregelmäßig sechseckige Festungsanlage vom Schweizer Baumeister Domenico Trezzini.

In der Peter-und-Paul-Kathedrale liegen die meisten russischen Kaiser begraben. Für eine russisch-orthodoxe Kirche ungewöhnlich, besitzt sie eine Kanzel, die angeblich nur einmal benutzt wurde, um 1901 Leo Tolstoi zu exkommunizieren. Damit die Bewohner wissen, was die Stunde geschlagen hat, wird täglich um zwölf Uhr eine Kanone abgefeuert.

Im Winter kann man an der Newa Eisschwimmer und Eis-kulpturen sehen. Unser Besuch erfolgte im Sommer. Das war ein Fehler. Die Marina Kononowa Wyschikina hatte gekocht. In dem Kübel Wasser schwamm ein Hühnchen. Das wollte sich von uns nicht essen lassen. Das lag daran, dass der Kübel nicht in den Kühlschrank passte. Nachdem die Leiche trotz Badewetter zum dritten Mal mittags aufgekocht worden war, hatten die Wyschi-kins begriffen, dass wir bescheidene Leute waren.

Der Kolja war nur am ersten Tag bescheiden, nicht beim Hühn-chen, sondern beim Wodka. Anstandshalber hatten wir jeden Tag auf die Brüderschaft angestoßen. Weil die Flasche qualitativ sehr wertvoll war, wurde sie von Marina weggeschlossen. Den Schlüssel versteckte sie. Das Getränk hatte die Eigenschaft, sich zu wandeln. Nach dem dritten Tag bemerkte das die Marina. Sie schimpfte, weil der Kolja die fehlende Substanz mit Wasser ausgeglichen hatte. Der eingeschüchterte Kolja verschwand, wir auch.

Ich reagierte fiebrig, Angela war praktischer veranlagt. Über ihren Arm musste nachts ein Ungeziefer gekrabbelt sein. Der Ausschlag war der Apothekerin unbekannt, vorausgesetzt, in den leeren Regalen hätte es dagegen eine Medizin gegeben.

Eine sofortige Heimreise war unmöglich. Das lag an dem Michail Sergejewitsch Gorbatschow (er erhielt 1990 den Frie-densnobelpreis). Wegen dem Generalsekretär des Zentralkomi-tees der Kommunistischen Partei begann in der Sowjetunion Glasnost (Offenheit) und Perestroika (Umbau). Das Ende des Kalten Krieges begann damit, dass alle Züge Richtung Westen ausgebucht waren.

Uns half die »Ständige Vertretung der DDR«. Das Botschafts-personal telefonierte. Danach wurden in einer Interflugmaschine nach Prag zwei Notplätze reserviert. Die Notsitze befanden sich am WC. Wir wussten genau, wer wann auf Toilette ging. Trotz-dem habe ich hier das erste Mal nach Tagen wieder etwas gegessen.

Die zweite Mahlzeit wollte ich 4 Uhr morgens im entleerten Restaurant des Prager Hauptbahnhofes einnehmen. Das ging nicht, wir wurden von einer gruseligen Gestalt verfolgt. An der Theke bezahlte ich, neben mir die verlotterte Person. Ich brachte mein Schnitzel mit Kartoffelsalat in Sicherheit. Die Gestalt setzte sich neben uns. Sie schaute solange auf meinen Teller, bis ich kapitulierte. Das Essen schmeckte mir erst wieder in Berbisdorf.

Bei uns hat es allen geschmeckt, bis auf den Herrn Maas. Der hat uns kennengelernt, als wir uns in den alten Bundesländern bildeten. Er kam zu uns, weil er von der sozialen Arbeit eine Auszeit benötigte. Vom Osten wusste er nichts. Das lag daran, weil er gern in Indien pilgerte. Seine Hobbys waren demnach spiritueller und kulinarischer Natur. Beides wurde in unserer Küche behandelt:
Spiritualität (Geist, Hauch) ist immer für die Vorstellung einer geistigen Verbindung (Christentum, Buddhismus, Hinduismus, Islam) zum Transzendenten (Jenseits Unendlichkeit) verbunden.
Immanuel Kant verglich das Land des Verstandes mit einer Insel: »Es ist das Land der Wahrheit (ein reizender Name), umgeben von einem weiten und stürmischen Oceane, dem eigentlichen Sitz des Scheins, wo manche Nebelbank und manches bald wegschmelzende Eis neue Länder lügt und, indem es den auf Entdeckungen herumschwärmenden Seefahrer unaufhörlich mit leeren Hoffnungen täuscht, ihn in Abenteuer verflechtet, von denen er niemals ablassen und sie doch auch niemals zu Ende bringen kann.« (Kritik der reinen Vernunft, Drittes Hauptstück, S. 155)

Nach diesem Stress weihte Herr Maas die Angela in die Geheimnisse der kulinarischen Küche ein. Dazu benötigte er viele Einkaufscenter. »Bei euch wird zu viel Schrott verkauft!«

Wir sollten eine exklusive gusseiserne Pfanne bekommen oder aus geschmiedetem Stahl. Zur Reinigung braucht es nur Küchenpapier, Bürste und heißes Wasser. Als wären die Pfannen Spiegel, bei jeder Begutachtung, jedem Drehen und Wenden lies er verlauten: »Oh nein, nicht schon wieder, der dort links, hinter mir rechts, dreh dich mal um, hast du das gesehen – die klauen bei euch wie die Raben!«

Angela sah nichts, sie konzentrierte sich auf die Bratpfannen. Vielleicht musste sie mal nach Indien.

35. Erziehung

Marleen und Enrico waren schon in Indien. Ihre Träume wurden häufig von lebhaften Bildern begleitet. Das kann im Schlaf und im wachen Zustand (Tagtraum) erlebt werden. Auch »Morris« träumte. Sie bewegte ihre Pfoten, als würden sie laufen und gab eigenartige Laute von sich. Das unterließen unsere Kinder. Sie zeigten normale Augenbewegungen, Puls, Atmung und Mimik. Mädchen erinnern sich häufiger an das Traumerleben als Jungs.

Der Schlafforscher Jerome Siegel schreibt dazu: »Es ist schwer zu glauben, dass dieser physiologische Zustand nicht eine irgendwie geartete lebenswichtige Rolle spielt«.
    Im Schlaf kann man gut pädagogisch Einfluss nehmen. Wenn meine Kinder irgendwelche Probleme hatten, setzte ich mich nachts an ihr Bett und redete sie stark:
»Schlaf schön, du machst das schon alles!«
»Träum was Schönes, das hast du dir verdient!«
»Mach dir keine Sorgen, alles kommt in Ordnung!«
»Lass dich nicht ärgern, die Welt ist viel zu schön!«

Leider ist diese Erziehungsmethodik nicht verbreitet. Viel zu oft kommt Schimpfen zur Anwendung, und: »Eine Ohrfeige hat noch niemanden geschadet!« Oder: »Strafe muss sein!«
    Es wird gelehrt, dass eine Strafe in der Regel vom Erziehenden angemessen qualifiziert sein muss. Hierfür wären Sanktionen (Heilung, Strafandrohung) gute Möglichkeiten.
    Mir sind die Philosophen des Behaviorismus (Verhalten) lieber. Das ist ein wissenschaftstheoretischer Standpunkt, der in der Verhaltenstherapie zum Tragen kommt:
- Ursachen und Entstehungsgeschichte erkennen,
- Methoden zur Zukunftsbewältigung suchen,
- Hilfe zur Selbsthilfe.

Wenn schon »Strafe« oder »pädagogische Konsequenz«, dann im umsichtigen Handeln. Dazu gehören:
- vorherige Besprechung,
- zeitnah zum Verhalten,
- niemals sporadisch,
- nie stufenweise steigern und
- Alternativen erarbeiten.

Die Kognitive Psychologie lehrt: »Je härter die Strafe, desto größer der Widerstand!«
Diese wissenschaftliche Forschung begann mit Experimenten von Bechterew. Bechterew zählt zu den Begründern der objektiven Psychologie, den Vätern der Verhaltenstherapie. Nachdem er 1927 Josef Stalin Paranoia (neben dem Verstand, Wahnsinn) diagnostiziert hatte, starb er zwei Tage später an einer Vergiftung (angeblich auf Geheiß Stalins).

Unserer Familie hat die Kenntnis von Bechterew genutzt. Durch ihn konnten wir eine verhaltenspsychologische Reflexkette aufbrechen. Das gelang uns bei Marleen. Sie hatte das Problem, nach dem Kindergarten zu Hause in nicht aufhörende Schreikrämpfe zu verfallen. Eines Tages waren wir uns sicher, es lag an ihrer Frühgeburt. Das haben wir noch einmal genauer betrachtet:
- Je unreifer ein Kind geboren wird, desto höher ist das Risiko einer Beeinträchtigung.
- Unabhängig von genetisch bedingter Disposition, sind sie häufiger kränklich.
- Lese-Rechtschreibschwächen und Rechenschwierigkeiten sind möglich.
- Motorische Störungen treten auf, können sich aber im Alter verlieren.
- Oft kommt es zur Aufmerksamkeitsdefizit-Hyperaktivitätsstörung.
- Frauen tragen das Risiko, selbst eine Frühgeburt zu erleiden.

- Frühgeborene haben weniger Nachkommen.

Die motorischen Störungen haben sich bei Marleen am einfachsten korrigiert. Sie wurde ein Jahr später eingeschult. Zudem setzten wir auf spielerische Bewegung. Sportliche Betätigung hilft der Koordination und dem kognitiven Bereich. Hierbei ist zu beachten, dass sich die Gehirnstrukturen optimal nur entwickeln, wenn auf diametrale (entgegengesetzt, völlig anders) Anwendungen geachtet wird.

36. Schocktherapie Nr. 2

Marleens Schreikrämpfe lagen an der Reizüberflutung. Bei Reizüberflutung nimmt man so viele Sinneseindrücke (Hören, Sehen, Riechen, Tasten, Schmecken) gleichzeitig auf, dass diese nicht mehr verarbeitet werden können. Für einen kurzen Zeitraum ist eine Überbrückung möglich, langfristig kommt es zu einer psychischen Überforderung.

Das heutige »moderne mediale internetvernetzte Zeitalter« birgt vermehrt Gefahren einer Reizüberflutung. Mögliche Auslöser sind:

- zu großer Lärm und gleichzeitige akustische Quellen,
- rasante Bewegungen, blinkendes Licht, Vielzahl und Arten von Farben,
- Verwirrung durch zu »bunt« gemischtes Essen, die Geschmacksrichtungen werden nicht einzeln empfunden und zugeordnet,
- virtuell negative Beziehungen.

Marleen und ich haben uns etwas Besonderes einfallen lassen. Als es wieder einmal soweit war (mittlerweile fast täglich), dass sie wie am Spieß unaufhörlich schrie und sich über Stunden nicht mehr steuern konnte, besprachen wir unter tragischem Schluchzen die Situation:

»Marleenchen, hörst du mich?«

»Ja!«

»Kannst du jetzt mal aufhören?«

»Nein, es geht nicht!«

»Das tut mir so leid!«

»Ich kann nichts dafür!«

»Ich weiß, aber wir müssen was dagegen machen!«

»Was denn!«

»Willst du einen kalten Waschlappen?«

»Das hilft auch nicht!«

»Ich weiß, aber die Nachbarn denken, wir verdreschen dich!«

»Na und, sollen sie doch!«

»So geht das aber über die Nerven!«

»Ich will nicht in die Psychiatrie!«

»Das wollen wir auch nicht!«

»Was sollen wir mit dir machen?«

»Nichts, nichts, nichts!«

»Schau mal in den Spiegel, dein Mund ist ein Quadrat! «

Sie lachte und weinte zugleich. Der durchgeschüttelte kleine Körper schmiegte sich an mich. Das waren hilflose Szenen und Ratlosigkeit in Nähe von Ohnmacht. Marleen war morgens scheinbar erholt, im Kindergarten unauffällig aber abends brach sie zusammen.

»Marleenchen, wir müssen handeln, es wird immer mehr!«

»Ich will nicht!«

»Ich auch nicht, aber wenn du das morgen nicht hinbekommst, dann fahren wir!«

Sie schrie noch lauter, ich tröstete sie: »Du wirst sehen, es funktioniert!«

Der Abendablauf war gut strukturiert. Wir aßen etwa um 18 Uhr, dann Auspendeln und zehn Minuten vor 19 Uhr Sandmännchen. Danach hatte jeder in seinem Zimmer Zeit für individuelle Beschäftigung. Unsere Kinder wussten, dass es der persönlichen Ruhe diente, um die Geschehnisse des Tages ausklingen zu lassen.

Enrico las ein bisschen in Mosaikheften oder schob seine Matchbox-Spielzeug- Modellautos umher. Marleen ordnete die Bekleidung ihrer Puppen. Sie arrangierte die Formation und versteckte gern was unter ihrer Bettdecke. Eines Tages wurde es ernst, wir handelten. Sie hatte einen Weinkrampf.

»Marleen, wir fahren los!«

»Niemals!«

»Ich lass dich nicht im Stich!«

»Nein!«

»Wir fahren hin, aber gehen nicht rein, ich zeig dir alles von außen!«

Ich gab ihr keine Chance. So, wie sie im Schlafanzug war, nur in eine Decke gewickelt, fuhr ich unter Höllenlärm die schreiende Marleen nach Arnsdorf. Die Klinik ist aus der 1912 eröffneten »Königlich-Sächsischen Pflegeanstalt zu Arnsdorf« hervorgegangen. Sie galt damals als fortschrittlichste Einrichtung Deutschlands und war in der DDR Bestandteil des »Bezirkskrankenhauses für Neurologie und Psychiatrie«. Es ist ein Akutkrankenhaus zur Behandlung aller neurologischen Erkrankungen. Hier gibt es einen Intensivbereich, der rund um die Uhr besetzt ist.

Die Scheinwerfer des Autos schnitten sich gespenstig durch die ländliche Umgebung. Bloß gut, dass um 22 Uhr selbst die Polizei schlief.

Marleen schrie, trat um sich und heulte. Ich sagte: »Es ist alles gut, du hast es gleich geschafft!«

Mit jedem Kilometer wurde ich langsamer. Mit jedem Kilometer wurde sie kraftloser.

Als wir ankamen, wirkte das große Objekt erdrückend. Wir hielten vor dem Tor. Einige Fenster waren erleuchtet. Bestimmt hantierte hier das Nachtdienstpersonal. Wir wollten schnell zurück. Beide waren wir geschafft. Sie schlief auf der Rückbank ein. Ich trug unser Marleenchen verschlafen ins Bett. Am nächsten Morgen und die die Tage darauf, war das Thema tabu. Als wäre nie etwas gewesen, schrie Marleen nie wieder.

Das Flooding (auch Überflutung, Reizüberflutung) ist ein massiertes Verfahren, was nicht graduell in kleinen Schritten verläuft, sondern konfrontativ »in vivo« (in der Realität). Die Realität bestand darin, das Marleenchen klar war, demnächst zum Psychologen und Neurologen zu müssen. Weil die auch nicht helfen würden, müsste sie in die Psychiatrie. Weil die Psychiatrie nicht zu uns kam, sondern wir zu ihr, würde sie nicht zu Hause sein. Die nächstgelegene Einrichtung war Arnsdorf.

Das Flooding als Therapieform sollte nur durch ausgebildete Therapeuten erfolgen.

Der Sinn ist, dass der Patient erfährt, wie er seine stärksten Ängste ausgehalten hat. Der einzige Sicherheitsreiz ist ein Vertrauensverhältnis zum Therapeuten. Meine Chance war größer, ich war der Papa.

37. Lernen

Als Marleen zur Schule kam, waren ihre Noten schlecht. Bei der Rechtschreibung half Angela. Hilflos waren wir, als Marleen ihre ersten Aufsätze schreiben musste. Sich auf die Rechtschreibung zu konzentrieren und gleichzeitig einen Text zu formulieren, das ging gar nicht. Ich versprach, sie würde von einem Tag auf den anderen sofort top Aufsätze schreiben, vorausgesetzt, ich durfte ihr das Prinzip erklären. Sie nahm ihren verkorksten Aufsatz und setzte sich brav.

»Stimmt es, das du wie am Fließband reden kannst?«

»Ja, das stimmt!«

»Was wolltest du in dem Text beschreiben?«

»Wie du von »Morris« 38 Zecken nach ihrem Ausreißer im Wald abgelesen hast!«

»Erzähl mir, wie das war!«

»Es war Sonntag. Wir sind spazieren gegangen.«

»Wo?«

»Am Frauenteich.«

»Stop, schreib das jetzt alles wörtlich auf!«

»Warum? Ich bin doch noch gar mit dem Erzählen fertig!«

»Die Bedingung war, dass du einfach machst, was ich dir sage!«

»O. k.!«

 »Erzähl jetzt weiter!«

»Du hast »Morris« losgebunden und sie ist abgehauen!«

»Genau! Hinschreiben!«

»Soll ich hinschreiben, dass du sie losgebunden hast?«

»Ja klar, es war doch so, oder?«

»Das stimmt und dann kam sie nicht wieder!«

»Warum?«

»Weil sie einen Hasen aufgeschreckt hat ...«

Danach musste sie alles vorlesen:

»Es war Sonntag. Wir sind spazieren gegangen. Das war am Frauenteich. Mein Papa hat »Morris« losgebunden. Dann kam sie nicht wieder. Sie hatte einen Hasen aufgeschreckt. Wir riefen nach ihr. Sie hörte nicht. Wir mussten alleine nach Hause. Sie kam erst spät abends. Mein Papa setzte sie ins Waschbecken. Zum Schluss sind wir alle glücklich ins Bett gegangen.«

Ich fragte Marleenchen:

»Na, hat dir dein Aufsatz gefallen?«

»War das mein Aufsatz?«

»Na, was denkst du denn!«

»Aber so haben wir das in der Schule gar nicht gelernt!«

»Die Lehrer wissen auch nicht alles!«

»Aber du, ist das nicht bisschen angeberisch?«

»Nein, du kannst mir vertrauen! Du musst nie wieder Angst vor einer schlechten Zensur haben, wenn du einfach so schreibst, wie du redest. Versprochen, das klappt hundertprozentig!«

»Aber eine Bitte habe ich noch!«

»Was denn?«

»Lies mir alles noch mal vor!«

Danach fragte ich sie: »Und, ist dir was aufgefallen?«

»Nein, mir hat es gefallen!«

»Mir auch, aber was ist, wenn die Lehrerin nicht weiß, wer »Morris« ist?«

»Wieso, das ist doch unser Hund!«

»Na ja, das muss die Lehrerin aber nicht wissen. Die denkt vielleicht, du hast noch mehr Geschwister und die hauen alle ab!«

»Da schreib ich das mal lieber dazu!«

38. Okkultismus

Moritzburg stand unter keinem guten Stern, eher unter einem Fluch. Der Fluch ist eine ernsthafte soziale Sanktion. Den ältesten überliefert die Bibel. Nach jüdischer und christlicher Lehre hat zuallererst Gott die Schlange und dann den Erdboden verflucht (1. Mose 3,14+17).

Die erste Psychologin verließ uns lebend, ihr Nachfolger fuhr sich auf dem Weg zur Arbeit in den Tod. Es hieß, er sei sanft entschlafen, verschieden oder heimgerufen worden.

In den Jugendämtern hatte sich herumgesprochen, dass Moritzburg einem zweifelhaften Führungsstil unterliegen würde. Eine Fluktuation setzte ein. Das ist eine (andauernde) Veränderung (Schwankung, Wechsel) von Gegebenheiten und Zuständen. Wir hatten in unsere Gruppe zwei Neue bekommen, ohne Ansehen der Gruppendynamik. Sie hießen Dominik und Sven.

Der Dominik war voll guter Anlagen. Sein Makel war der Okkultismus. Okkultismus (verborgen, verdeckt, geheim) ist eine unscharfe Sammelbezeichnung für Bereiche von übersinnlichen Phänomenen auch paranormal, esoterisch und mystisch genannt.

Angela besorgte sich aus der Bücherei Radeburg die Lektüre »Okkultismus von A-Z«. Zudem informierten wir uns über die Parapsychologie (neben, Seelenkunde). Offiziell werden diesbezüglich Experimente nur an wenigen Universitäten durchgeführt. Es gibt Versuche von wissenschaftlichen Ansätzen: Theorie zu supra-physikalischen Realitäten und aus der Quantenphysik (Effekte von Raum- und Zeitlosigkeit).

Nachdem Dominik eine Weile bei uns war, kam er mit seinen Füßen auf den Boden. Er entdeckte die Realität. Wenn er finanziell unabhängig war, konnte er besser ein Geisterjäger sein. Wir hatten viel Freude an ihm.

Dominiks Entwicklung und die der Gruppe sabotierte der Sven. Die Sabotage ist eine absichtliche Störung zum Erreichen eines Zieles. Unsere festgelegten Abläufe kamen durcheinander. Die Strukturen brachen auseinander. Der Sven war ein Psychopath am Anfang seiner Entwicklung. Psychopathie ist eine Persönlichkeitsstörung mit völligen Fehlen von sozialer Verantwortung, Gewissen und Empathie (Fähigkeit, sich emotional in Mitmenschen hineinzuversetzen zu können). Sven war sehr schlau. Er spielte mit seinem harmlosen Erscheinungsbild.

Im Untergrund nutzte er Dominiks Anfälligkeit zum Okkultismus. Er wies ihn in den okkulten Bereich des Nationalsozialismus ein: »Aufstieg und Macht von Adolf Hitler«. »Der Führer« wurde als Magier und Eingeweihter von Geheimgesellschaften dargestellt, mit Kontakten zu unterirdischen Zivilisation, die über mächtige Energie namens »Vril« verfügte, mit deren Hilfe man die Welt mittels Schaffung einer neuen Menschenrasse verändere.

Der Sven beeinflusste auch die Mädchen. Er berichtete von angehäuften Reichtümern, Gold, Bargeld und Waffen. Dieser Lohn aus seinen gefährlichen Drogengeschäften läge in einer abseits gelegenen Garage. Hier wartet auch ein Maserati (italienischer Sportwagen mit dem Markenzeichen eines Dreizacks).

Mein Laslo war begeistert. Der Sven wusste, dass Laslo ein Motorradfan war, demnach hatte er aus früheren Geschäften auch eine Harley-Davidson versteckt. Laslo glaubte auch das Märchen, er wäre nur zur Jugendhilfe bereit gewesen, um sich der Verfolgung des Rot-Licht-Milieus zu entziehen.

Mein Geschäftsführer Gotthold Liebeskind und unser heilpädagogischer Erziehungsleiter Andreas Apostel waren befangen. Sie berieten sich mit dem neuen Psychologen und Laslo. Sie meinten, ich wäre nicht gebildet genug, um auf die Individualität von Sven einzugehen.

Die Gruppe lief Amok. Ich ließ nicht locker und beantragte eine Fahrt nach Leipzig. Damit war ich mal wieder der Störenfried. Zum Gewinner wurde der Sven. Einsam standen wir in Leipzig vor einer Garagengemeinschaft. Er hatte den Schlüssel verlegt. Die Besitzer kamen und gingen. Wir grüßten, rauchten, schwiegen. Ich sagte:

»Sven, ist das jetzt o. k?«

»Ich komme jetzt nicht ran!«

»Hör doch auf, wenigsten mir gegenüber!«

»Wir werden beobachtet!«

»Stimmt nicht, das sind alles Rentner!«

»Sie wissen nicht, wie das Geschäft läuft!«

»Das ist unwichtig, du bist jetzt bei uns!«

»Sie sind der Einzige, der mir das nicht glaubt!«

»Das ist dein großes Glück!«

»Da irren Sie sich, ich besitze Schnellfeuerwaffen!«

»Von mir aus, aber heute nicht mehr, wir fahren zurück!«

Kimme und Korn waren seitdem verstärkt auf mich gerichtet. Laslo fand, ich würde die Menschen bloßstellen. Er war enttäuscht. Seine Meinung teilte die Heimleitung. Sie wurde durch den Psychologen bestärkt. Ich hatte ihm sein Handwerkzeug erklärt. Anzeichen von Lügen können sein:

- rotes Gesicht,
- Lippen lecken,
- größere Pupillen,
- Arme verschränken,
- Sprachveränderung,
- hohe Tonlage der Stimme,
- geringere Augenbewegungen,
- entstehende Falten an der Stirn,
- Handflächen nach außen drehen,
- Kratzen im Gesicht, oft an der Nase,
- Arme und Beinen werden weniger bewegt,

- Meidung von Augenkontakt zum Gesprächspartner,
- übertriebene Ausdrücke (meist im Gesicht, dazu gehören auch häufiges Augenblinzeln und Augen beim Blinzeln länger geschlossen halten),
- Texte und Mimik sind unpassend, zum Beispiel nein sagen und dazu nicken,
- Augen bewegen sich nach rechts oben oder in der Mitte nach rechts (bei Rechtshändern sind Unterschiede zu linkshändigen Personen zu beachten).

Selbst Lügendetektoren und geübte Personen finden schwer heraus, ob einer lügt. Sichtbare Zeichen ähneln den unbewussten Verhaltensänderungen, die durch Stress hervorgerufen werden. Eine absolute Zuordnung gibt es nicht! Bei Lügnern sind Diskussionsvermeidung und Gesprächsebenenwechsel typisch. Die intelligenten Psychopathen glätten leere Emotionen durch Nachahmungen.

Ich bestand darauf, Sven benötigt einen Neuanfang! Das war eine Chance für ihn! Er kam in ein anderes Heim. Die Gruppe unterstützte mich. Sie war erleichtert. Endlich brauchten sie keine Angst mehr zu haben.

Angela saß zwischen den Stühlen. Sie hatte allen Interessen zu dienen. In der Mitarbeitervertretung war sie das Bindeglied zwischen Leitung und Personal. Im Team wurde ihre Urteilsfähigkeit als eingeschränkt bewertet. Weil ich die Teamleitung hatte, müsste sie als Ehefrau zwangsweise gleicher Meinung sein. Das überfordert selbst Engel.

39. Die Episode

Angela bekam eine Episode (griech. das noch Dazukommende).
Die Episode hat dreierlei Bedeutung:
- Sie umschreibt im Drama einen Teil gesprochener Dialoge.
- Sie bezeichnet in der Kunst oder den Medien einen Block.
- In der Medizin gliedert sie einen periodischen Verlauf.
Bei Angela war die Episode interdisziplinär. Ich hatte bereits Vorkenntnisse gesammelt. Wir waren im Westen auf einer Bildungsreise. Da kam eine Wespe geflogen. Ich war Zeuge von Angriff sowie Verteidigung und studierte das Verhalten:

Für den schlechten Ruf sorgen ausschließlich die »Deutsche« und die »Gemeine Wespe«. Diese Arten machen sich über menschliche Nahrung her (»Zwetschgenkuchenwespen«). Besonders im Spätsommer sind sie durch vergorenes Fallobst etwas verwirrt. Ein Stich setzt Alarmpheromone frei und animiert weitere Tiere. Der Stachel verfügt über keinen Widerhaken. Das Gift kann bei Menschen zu allergischen Reaktionen führen.

Angela war tapfer, ich auch. Die Wespe vermieste uns die Rückfahrt. Wir dachten, es wäre nicht so schlimm:

»Kannst du das sehen, es ist so schön!«

»Hast du gut geschlafen?«

»Siehst du das nicht?«

»Wo, ich muss auf die Straße achten!«

»Dort oben in der Wolke!«

»Was meinst du?«

»Das ist Gott!«

»Ich finde die Formation auch schön!«

»Nein, er ist da, ich sehe ihn!«

»Gela, du hast eine rege Fantasie!«

»Nein, er winkt mir zu!«

»Meinst du wirklich?«

»Ja, er will mir was sagen!«

»Was denn?«

»Jetzt lächelt er!«

»Die Wolken sind doch schon wieder auseinander!«

»Du hast ja keine Ahnung!«

»Gela, du machst mir Angst!«

»Er sagt, ich bin in Sicherheit!«

»Versuche zu schlafen!«

»Mach ich!«

Danach steuerte ich das nächste Krankenhaus an. Die Ärzte spritzten ein Gegengift. Angela schlief bis Berbisdorf. Hier erholte sie sich. Nach einigen Tagen sagte ich den Kindern: »Mutti hat wieder eine Wespe gestochen. Ihr seid alt genug, die »Morris« ist bei euch und wenn was ist, geht rüber zu Pfitzners!«

Angela erschreckte mich:

»Sie sind überall!«

»Wer?«

»Die Kirche!«

»Sie beobachten uns!«

»Wie meinst du das?«

»Wir werden alle entlassen, sie suchen Gründe!«

»Mach dich nicht verrückt!«

»Doch, ich sehe sie, gruslig!«

»Wo?«

»Hier, neben mir!«

»Wie sehen sie aus?«

»Ganz dunkel, mit Kapuze!«

»Komm, setz dich ins Auto, wir fahren weg!«

»Wohin?«

»Lass mich nur machen, soll ich langsamer fahren?«

»Nein, sie stehen so steif!«

»Zeig sie mir!«

»Jetzt, direkt am Straßenrand, dahinter wieder einer!«

»Das sind alles Leitpfosten, im Längsabstand von 50 Metern!«

»Glaubst du mir nicht?«

»Doch doch, ist schon o. k.!«

»Ich habe Angst, es werden immer mehr!«

»Ich weiß, das ist wegen den Kurven!«

»Du beschützt mich! Das weiß ich!«

»Bleib ganz ruhig!«

»Ich bin so kraftlos, sie saugen meine Energie aus!«

»Das ist normal, du erholst dich wieder!«

»Wo bringst du uns hin, sie sind hinter uns!«

»Wir fahren zu Frau Müller, die Neurologin von Gorbitz, vierter Stock, die gibt dir etwas zur Beruhigung!«

»Die wird mir nicht glauben, nur du!«

»Ich weiß, deswegen komm ich ja mit!«

»Stimmt's, dir darf ich alles erzählen?«

»Na klar, wem sonst!«

»Die denken, ich bin verrückt!«

»Das denke ich auch!«

»Du glaubst mir doch nicht?«

»Nee, Gela, also ein bisschen Spaß muss sein!«

»Das ist nicht lustig!«

»Jedenfalls besser als Panik!«

»Die hab ich nicht!«

»Siehst du, ich auch nicht!«

»Ich habe Angst!«

»Ich nicht!«

»Sehen die dich auch so an?«

»Ja, aber schau nicht hin, schau mich an und nimm meine Hand!«

»Dauert es noch lange?«

»Wir sind gleich da!«

Der Begriff Psychose (Geist, Seele, Endung) ist ein Überbegriff, der im Jahr 1845 von Ernst von Feuchtersleben geprägt wurde. Die Schizophrenie steht für das Vorhandensein mehrerer Symptome in chronischer Form der psychotischen Störung. Angela bekam die Diagnose: Psychose aus dem schizophrenen Formenkreis.

Die Ursachen sind wenig bekannt. Genetische Faktoren können ebenso eine Rolle spielen, wie frühkindliche Verwurzelung. Bei einer Anfälligkeit führen psychodynamische Stressfaktoren zum Ausbruch der Krankheit.

Eine verbindliche Systematik gibt es nicht. Die Erscheinungsformen reichen von akustischen Halluzinationen als dialogisierte oder kommentierende Stimmen, über Ich-Störungen in der Gedankenausbreitung bis zu körperlichen Störungen.

Die akute Krankheitsphase kann Wochen bis Monate dauern. Untersuchungen weisen darauf hin, dass mit jedem Schub hirnorganisch bleibende Veränderungen auftreten können, die nicht von Vorteil sind. Bei Frauen beginnt die erste schizophrene Episode in der Regel später als bei Männern. Das beruhigte mich.

40. Das Zeugnis

So eine Episode ist anstrengend. Für den Betroffenen weniger, er merkt nichts von seiner falschen Realität. Dafür haben diejenigen, die unmittelbar Zeuge sind, danach Probleme. Es ist ein schwer zu beschreibendes nachhaltiges Ereignis, das traumatisierend nachwirken kann. Folglich unterliegen beide dem Schub.

Unsere Kinder waren wie immer lieb. Ihnen fehlte die Mutti. Sie schlief tagelang auf dem Sofa oder im Bett. Sie fantasierte: »Zeugnis ablegen vor Gott!«. Wir hielten ihre Hand. Das beruhigte sie. »Morris« kuschelte sich an ihre Füße.

Schlafen, trinken, wie tot in sich ruhen, etwas essen … es nahm kein Ende. Die Medizin der Neurologin Frau Müller wirkte über Wochen. Die »schwarzen Männer der Angst« tauchten in die Tiefschlafphase des Nichts. Leider ist das kein erholsamer Schlaf, sondern ein künstlicher. Demnach fehlt für den Betroffenen der Erholungseffekt.

Die Gehirnzellen können sich nicht verknüpfen, sie sind lahm gelegt. Dem Körper fehlt jede Bewegung, die Muskulatur bildet sich zurück. Das Lymphsystem schläft ein. Die Lymphe (klares Wasser, italische Wassergottheiten) ist das Transportsystem von Nähr- und Abfallstoffen. Sie entsorgen in den Lymphknoten Krankheitserreger und Fremdkörper. Die Medikamente sind Fremdkörper. Wir hätten sie gern abgesetzt.

Frau Müller hatte im Warteraum viele Patienten. Sie sahen krank aus. Wir fühlten uns dort nicht wohl. Das Unwohlsein verstärkte sich. Das lag an der Prognose. Sie lachte uns aus, als wir fragten, wann Angela wieder gesund würde.

»Das ist für Sie Geschichte. So eine Krankheit ist nicht zu heilen!«

Es heißt, in der Not erkennt man seine Freunde. Demnach hatten wir keine. Niemand wollte uns besuchen. So eine Krankheit verschreckt die Menschen. Meine Eltern kamen mit einem Blumenstrauß und hatten es eilig. Tim und Tina ließen sich nie sehen. Der Theodor war der einzige Mensch, der bedingungslos zu uns hielt. Er liebte seine Tochter, sah mich nicht mehr als Feind. Er sah zu, wie er unseren Kindern kleine Freuden bereiten konnte, sicherte zuverlässig ihre sportliche Ausbildung und übernahm noch mehr Nachtdienste.

»Der Staat zahlt meine Intelligenzrente nicht! Ihr braucht jetzt Ruhe und das Haus muss grundlegend saniert werden. Ich muss sparen, damit ihr das alles schafft!«

In den Wochen von Angelas Halbschlaf legte ich Zeugnis ab. Ein Zeugnis ist eine zusammenfassende Beurteilung des Leistungsstandes. Ich hielt mich an das amerikanische System. Der Unterschied besteht darin, dass die Gliederung der Grundschulzeugnisse nicht an Fächer gebunden ist, sondern sich auf Einzelfähigkeiten konzentriert. Diese werden äußerst detailliert evaluiert (gesund, stark, geeignet sein).

Es gibt pro Fach keine Zensur, sondern eine Auflistung von vielen Parametern: Schreiben, Zuhören, Sprechen, Buchstabieren, Mitdenken, Kognition, Sozialkompetenz, Arbeitsweise.

Nachdem Angela wieder am Leben teilnehmen konnte, machte ich sie mit meiner Bewertung vertraut. Ich hielt mich an Paracelsus (1493–1541) »Allein die Dosis macht das Gift«:

1. Pränatale Einflüsse:

Die Theodora hatte als Kind eine Hirnhautentzündung, nach der sie in der Schule nicht mehr leistungsfähig war. Sie verschleierte ihr Handicap, indem sie meinte, als Lady eines Betriebsdirektors eine Hausfrau sein zu müssen. Wenn sie von Theodor zur Arbeit bewegt werden konnte, dann halbtags.

2. Kindliche Entwicklung:

Der Bruder lebte im Darwinismus der Rangfolge ersten Grades

3. Erwachsensein:

Mein Hinzukommen führte zu Existenzängsten der Familie.

Mit der Vertreibung aus dem Paradies Pesterwitz platzte ein Kindheitstraum.

Die Gorbitzer Wohnung manipulierte im Unterbewusstsein.

In Moritzburg kamen wir vom Regen in die Traufe.

4. Sie gab den Verlust ihres Lehrerstatus nie zu (Engel sind genügsam).

Angela ging danach als braves Mädchen zu einer ambulanten Psychopraxis. In Deutschland sind drei Therapieverfahren zugelassen:

- Verhaltenstherapie (Selbstregulation im Alltag),
- Tiefenpsychologie (Unterbewusstsein),
- Analytische Psychotherapie (Psychoanalyse nach Freud, Analytische Psychologie nach Jung, Individualpsychologie nach Adler).

Die aufgesuchte Psychologin sah nach der Anhörung so entsetzt aus, dass Angela dachte, in der Kinder- und Jugendhilfe zu sein und ihr beistehen zu müssen: »Sie können zu jeder Zeit wiederkommen.«

Ich machte Angela mit Ansichten von Friedrich Wilhelm Nietzsche († 1900), dem Urvater der Psychologie vertraut. Nietzsche setzte immer auf die Freiheit der Methode. Seine Herangehensweise kann oft als psychologisch bezeichnet werden, wobei dieser Begriff erst später in heutiger Form entstand:

»,Gott', ,Unsterblichkeit der Seele', ,Erlösung', ,Jenseits' lauter Begriffe, denen ich keine Aufmerksamkeit, auch keine Zeit geschenkt habe, selbst als Kind nicht, – ich war vielleicht nie kindlich genug dazu? – Ich kenne den Atheismus durchaus nicht als Ergebnis, noch weniger als Ereignis: er versteht sich bei mir aus Instinkt. Ich bin zu neugierig, zu fragwürdig, zu übermütig, um mir eine faustgrobe Antwort gefallen zu lassen. Gott ist eine faustgrobe Antwort, eine Undelicatesse gegen uns Denker –, im

Grunde sogar bloß ein faustgrobes Verbot an uns: ihr sollt nicht denken!«

»Ich misstraue allen Systematikern und gehe ihnen aus dem Weg. Der Wille zum System ist ein Mangel an Rechtschaffenheit.«

»Der Schlaf, das Lachen und die Zuversicht heilen jede Krankheit!«

Wir beschlossen die Selbstheilung. Angela freute sich. Sie wollte keine Pillen schlucken, ich auch nicht. Wir begannen mit kleinen Spaziergängen. Die Angler staunten, 100 Meter Gehen wechselten sich mit 100 Metern leichtem Laufen ab. Das freute besonders »Morris«. Die Steigerung kam von allein. Bei 30 Grad Wärme, wo alle stöhnten, trainierten wir Schritt für Schritt.

Paracelsus: »Aber magische Operation, gleich wie die Wissenschaft der Kabbala entspringt nicht aus Geistern oder Zauberei, sondern aus dem natürlichen Lauf der subtilen Natur!«

Als Angela wieder arbeitsfähig war, ließ ich mich in den Flachbau versetzen. Mein Arbeitszeugnis lautete:

»Herr Falk Geyer, geboren am 05.06.61, ist seit 1991 in unserem Jugendhilfezentrum beschäftigt. In unserer heilpädagogischen Einrichtung werden bis zu 63 Kinder und Jugendliche im Alter von 10 bis 27 Jahre in sieben Gruppen betreut. Es handelt sich um Kinder und Jugendliche, die verhaltensauffällig sind und größtenteils die Schule zur Erziehungshilfe besuchen müssen.

Herr Geyer arbeitete bis zum Sommer 1993 in einer Gruppe, in der 8 Kinder betreut wurden. Im Gruppenteam arbeiteten neben ihm als Teamleiter noch zwei Erzieher und eine Hauswirtschaftshilfe.

1. Pädagogische Betreuung und Begleitung:

Zu seinen Aufgaben als Teamleiter gehörte in diesem Bereich die Erarbeitung der Gruppenkonzeption. Hier lag in seiner Verantwortung der Einsatz von heilpädagogischen Arbeitsweisen zur individuellen Förderung der Jugendlichen. Schwerpunkte waren:
- Soziale Gruppenarbeit und Einzelfallhilfe
- Freizeitgestaltung, strukturierte Freizeitplanung mit der Gruppe und dem Einzelnen, erlebnispädagogische Maßnahmen
- schulische Unterstützung, Anleitung bei den Hausaufgaben.

2. Zusammenarbeit mit
- Angehörigen, Schulen, Vereinen, Ausbildungsstellen
- Arbeitsämtern, Jugendämtern

3. Organisatorische und verwaltungstechnische Aufgaben:
- Erstellen von Unterlagen für die Einzelfallbesprechung: Anamnese, Verhaltensbeobachtung, Erziehungsplanung
- Erstellen von Entwicklungsberichten an einweisenden Stellen
- Sorge und Gestaltung von Atmosphäre des Gruppenhauses
- Organisation der hauswirtschaftlichen Belange

Herr Geyer gelang der Aufbau von tragfähigen Beziehungen zu den ihm anvertrauten Jugendlichen, wobei er sich in seiner Grundhaltung den Jugendlichen als Partner verstand.

Bei der Erstellung von Berichten zeigte Herr Geyer diagnostische Fähigkeiten, Beobachtungsgabe und entsprechendes Einfühlungsvermögen.

Vorgesetzten gegenüber versuchte er seine inhaltlichen Vorstellungen von weiterführenden Projekten nahe zu bringen. Dabei setzt er seine fachlichen Fähigkeiten bewusst ein und ist um neue Denkansätze bemüht.

Seiner Vorbildfunktion wird er durch Fleiß, Sorgfalt und Zuverlässigkeit gerecht. Er arbeitet sicher und selbständig. Im Team wird seine stete Hilfsbereitschaft anerkannt.

Herr Geyer ist bereit, sachliche Kritik zu üben und sollte kritische Wertungen seiner Person hören und sie weniger als Angriff werten.

Trotz dieser kritischen Anmerkung erkennen wir seine gleichbleibende Einsatzbereitschaft im vollen Umfang an und wünschen weiterhin eine konstruktive Zusammenarbeit.«

41. Das Dixi-Klo

Im Flachbau wurde ich empfangen wie ein Held. Die acht jungen Frauen im Alter bis 27 Jahren entstammten dem Jugendwerkhof Rödern, welcher durch die Trägerschaft der »Brüderanstalt Moritzburg« angeschlossen wurde. Sie kannten kein männliches Erziehungspersonal und freuten sich, ich mich auch.

Skeptisch waren meine Mitarbeiter. Die Frau Mollicher kam gegen die »Biester« nicht an. Weil sie so dick war, schämte sie sich. Sie aß im Dienst kaum. Das sollte verdeutlichen, dass es sich bei ihr um eine Erbkrankheit handelte. In Wirklichkeit holte sie zu Hause alles nach. Das lag an dem Stress. Niemand wollte auf sie hören. Sie war ständig bemüht, den Strafenkatalog zu aktualisieren. Demnach hatte sie keine Busenfreundin.

Die Teamleitung trug Frau Rank. Ihr Konzept beruhte auf dem Prinzip der Strömungslehre. Dieses pädagogische Muster orientierte sich am Fluid (fließend). Die Fluide verkörpern Substanzen, die bei einer beliebig langsamen Scherung keinen Widerstand entgegen bringen. Die Viskosität ist ein Maß des Fluides. Je niedriger ihre Viskosität, desto fließfähiger sind sie und je größer die Viskosität, desto kleiner ist diese Fähigkeit.

Mirella hatte die größte Viskosität. Demzufolge war sie zähflüssig und schwer zu zähmen. Der Begriff Viskosität stammt von Misteln. Aus dem Saft der Beeren wurde früher Vogelleim gewonnen; »viskos« bedeutet grob »zäh wie Vogelleim«. Misteln sind immergrüne Schmarotzer, die auf anderen Vegetationen wachsen. Ihre Früchte sind ungenießbar.

Davon hatte sich Frau Molliger überzeugt. Frau Rank zeigte keine Vergiftungserscheinungen. Da sie rank wie eine Gerte war, konnte sie modische Kleidung tragen. Sie sammelte Pluspunkte, bis ich kam. Nun war nicht nur Frau Mollicher als Zielscheibe frei gegeben. Ich konnte für die Schusslinien nichts. Es lag daran, dass ich nie jemanden bestrafte und meine Tests bestand:

Die Mistel zeigte mir ihre roten Beeren. Ich sagte:
»Willst du dich nicht in dein Zimmer begeben?«
»Wieso, die anderen sind doch schon in ihren Betten!«
»Mirella, du musst früh raus!«
»Na und, können wir miteinander reden?«
»Klar, wenn es was Dringendes gibt!«
»Kann ich reinkommen?«
»O. k., lass die Tür einen Spalt auf, falls draußen was los ist.«
»Da lauscht vielleicht jemand!«
»Ach quatsch, die schlafen!«
»Wie finden Sie mich?«
»Äußerst attraktiv! Nur traktierst du gerne die anderen!«
»Bis jetzt habe ich Sie in Ruhe gelassen!«
»Ich lass dich aber nicht in Ruhe!«
»Was heißt das? Ich stehe auf Bestrafung!«
»Ich strafe nicht, du bekommst nur Feuer, wenn du Domina spielst!«
»Ich liebe es!«
»Ich weiß!«
»Und was heißt das jetzt!«
»Dass du ins Bett gehst!«
»In welches, in Ihr Bett, das wollen Sie doch, mich will jeder!«
»Ich weiß, du bist eine top Kirsche, aber versau dir das nicht!«
»Aha, Sie stehen auf brave Typen, wie die Peggy oder die dürre Manu! Die warten schon!«
»Hör mit dem Müll auf, das hast du gar nicht nötig!«
»Sie stehen nicht auf Dolly Buster gefällt Ihnen mein Busen nicht?«
»Ansichtssache! Wenn du mir den bei jeder Gelegenheit in den Weg stellst, nervt das!«
»Sind Sie schwul oder wollen Sie mich beleidigen?«

»Mirella, ich finde, du bist Spitze, mach was draus!«

»Was soll das, Sie Scheißkerl, jeder will mich ficken! Fick dich selbst!« .

»Bleib, ich erklär's dir!«

»Was denn, das Ficken? Das kann ich besser!«

»Mach keinen Stress, setz dich, hör zu, das hast du dir verdient!«

»Da bin ich ja gespannt, aber das bereuen Sie noch!«

»O. k. – unterbrich mich nicht!«

»Du kriegst jeden rum, den du haben willst, stimmst?«

»Ja klar, bevor jemand anders vögelt, mach ich's!«

»Du bist hier der wahre Boss, niemand anders! Die Frau Rank ist nur dein Werkzeug, Frau Mollicher lässt du Spießruten laufen, die anderen sind alles Marionetten, alles Handlanger!«

»Na und, wenn die so dumm sind?«

»Das hilft dir aber nicht weiter! Das geht in die falsche Richtung!«

»Bis jetzt habe ich mir immer weiter geholfen!«

»Wer so etwas kann, der hat eine hohe Intelligenz!«

»Danke, da höre ich ja mal was Gutes von ihnen!«

»Als Letzes, und darüber denkst du im Bett nach: Du lernst Hauswirtschafterin und machst in miesen Absteigen die Betten! Was soll das, du gehörst in Nobelhotels, aber nicht als Putzfrau! Du hast dein Potenzial zu nutzen! Wackel mit dem Arsch, verwirre die Männer, bis du sie alle unter dir hast, aber nicht im Bett, du hast Führungsqualität, ich sehe dich als Managerin! Du kannst alle kommandieren, aber auf »Fünf-Sterne-Basis«! Du hast so viel Niveau, dass es dir gar nicht bewusst ist! Wer will dir was vormachen? Du bist Perfektionistin! Du kennst die Tiefen des Lebens, nutze das zum Vorteil! Lass die Puppen tanzen, aber nicht hier! Das ist Kraftvergeudung! Sieh zu, dass du dort hinkommst, wo du hingehörst! Die luxuriö-sesten Hotels stehen dir offen! Mach die Dame und nimm dir den König! Alles klar?«

»Danke …«
»Hau jetzt ab, schlaf schön!«
»Sie auch.«

In dem Team fand ich keinen Platz. Das lag daran, weil ich keinen Stress hatte. Die Frau Rank wusste nicht, wie sie die Teamgespräche leiten sollte. Sie verbog sich im Windschatten von Mirella und konnte das schlecht besprechen. Frau Mollich befand sich ständig im Zentrum der Tornados. Sie klagte über Gewitterfallböen und Sturzfluten.

Meine Früchte gediehen in lauen Sommerlüftchen. Die Mirella ließ nichts blasen und wehen, was mir meteorologisch Sorgen bereitet hätte. So wurde ich ein anerkannter Außenseiter.

Demzufolge konnte ich in den Frühbesprechungen über keine abnormen Luftbewegungen berichten. Das machte mich verdächtig.

»Herr Geyer, was gab es bei Ihnen?«
»Keine Probleme, alle Mädchen waren top!«
Unser Führer wollte Genaueres wissen.
»Was soll ich sagen, die Küche glänzt!«
»Wie meinen Sie das?«
»Ich weiß ja nicht, wer auf die Idee gekommen ist, den Küchenboden mit weißen Kacheln fliesen zu lassen, aber das bringt mehr Arbeit als Nutzen!«
Die Gestaltungstherapeutin: »Es geht um die Moderne, Kontraste, Schwarz und Weiß!«
Der Musiktherapeut: »Können wir das klanglich unterstützen?«
Gotthold Liebeskind: »Das hat sich Ihr Team so gewünscht!«
Der Psychologe: »Wie gehen Sie mit dieser Abneigung um?«
»Wenn die Mädchen überfordert sind, wische ich selber!«
Die Leitung: »Ist das im Team so besprochen?«
»Da ist nichts mit Reden, das ergibt sich aus der Situation!«
Der Psychologe: »Was empfinden Sie dabei, wenn Sie vor den Mädchen wischen?«

Ich ließ ihn links liegen. »Wieso müssen wir zur Ferienfreizeit auf einem Acker campieren?«

Der heilige Andreas: »Das ist Erlebnispädagogik, sehr romantisch, Sie bekommen ein Dixi!«

»Die Mädels haben keine Lust, es ist ihnen gesagt worden, es wäre kein Geld da!«

Der Gottlieb wollte nicht mehr lieb sein: »Klären Sie das bitte mit ihrer Teamleitung!«

»Was soll ich da klären, kann ich Alternativen besorgen?«

Der Psychologe: »Haben Sie Diskrepanzen?«

»Meinen sie Frau Mollich überlebt 80 Kilometer auf dem Fahrrad und das mit Gepäck?«

Das sahen alle ein. Herr Apohl: »Ich fahre alles mit dem Kleinbus!«

»Den VW-Bus brauchen wir, das ist doch kein Urlaub sonst!«

»Herr Geyer, können wir das Thema endlich beenden?«

Der Psychologe: »Wollen Sie einen Termin?«

»Nein, ich bin jetzt leise!«

Am Abreisetag zogen alle ein Gesicht, Frau Mollicher nicht. Sie hatte vom Geschäftsführer die Finanzhoheit. Sie stampfte zu ihrem Fahrrad und winkte dem Apostel: »Was für eine gute Idee, freie Fahrt!«

Frau Rank war die Woche abwesend. Die Mirella war verhindert. Wir lächelten uns zum Abschied zu. Mein Kilometerzähler schnurrte. Frau Mollicher pustete. Bei unserer Ankunft am Acker setzte der Kran das Dixi-Klo ab. Frau Mollicher prüfte, ob sie rein passte. Wir bauten unsere Zelte auf. Am Morgen hörte ich Hilferufe. Wir taten, als ob wir schliefen. Frau Mollicher war im Dixi-Klo weggesperrt. Ich war zum Erlöser autorisiert. Sie entwickelte danach eine Phobie.

42. Déjà-vu-Erlebnisse

Bisher sind 74 Phobien bei den Krankenkassen mit Kennzeichnung ICD-10 »Angst vor besonderen Auslösern« abgegrenzt. Mit Frau Mollichers Dixi-Klo Erfahrung wurde diese Liste erweitert. Als ich in Moritzburg kündigte, wusste ich nicht, dass mich an meiner neuen Arbeitsstelle alle Arten von Phobien zugleich erwarteten. Mir war, als hätte ich ein Déjà-vu.

Déjà-vu (schon gesehen, gehört, erlebt) tritt beim gesunden Menschen vereinzelt im Zustand von Erschöpfung oder bei Vergiftung auf. Umfragen zufolge haben 50 bis 90 Prozent aller Menschen Déjà-vu-Erlebnisse. Bei mir lagen die Sachverhalte nicht an einer Erschöpfung oder übersinnlichen Wahrnehmung, sondern an der Sintflut.

Die Sintflut wird in verschiedenen Kulturen als göttlich veranlasste Katastrophe zur Vernichtung der Menschheit wegen deren Verfehlungen beschrieben:

Die Abfassung des »Etana-Mythos« reicht ins 24. Jahrhundert v. Chr. zurück. Das Schriftmaterial vom »Gilgamesch-Epos« mit dem ursprünglichen Titel: »Derjenige, der die Tiefe sah« verweist auf das 18. Jahrhundert v. Chr. und ist teilweise auf zwölf Tontafeln in der Bibliothek des Assyrischen Königs Ashurbanipal (Aššur-bani-apli) erhalten. Das 1. Buch Mose gehört zum jüdischen Tanach (Heilige Schrift). Dieser wurde etwa 100 v. Chr. in über 20 Büchern kanonisiert (Maßstab zum Handeln). Diese Bücher und einige griechische Übersetzungen der um 250 v. Chr. begonnenen »Septuaginta« wurden vom Christentum als gültiges Gotteswort im Alten Testament übernommen und dem Neuen Testament vorangestellt.

Ich sollte zu einem Erlöser werden, der sich gegen die anbahnende Sintflut stemmte. Alle rechneten mit diesem katastrophalen Ereignis, ich nicht:

»Herr Geyer, Rahr mein Name, ich freue mich, das Sie gekommen sind!«

»Ja, ich hab mich bereits umgeschaut, bisschen veraltet alles?«

»Oh ja, wir haben einiges zu tun, uns erwartet viel Arbeit.«

»Ich komme mir vor, wie zu DDR-Zeiten, ist hier die Zeit stehen geblieben?

»Bisschen vorsintflutlich, aber wir sind auf einem guten Weg.«

»Der lohnt sich, hier kann man was draus machen.«

»Das sehen wir auch so, aber im Moment haben wir extreme Schwierigkeiten.«

»In welcher Beziehung?«

» Erstens haben wir nur begrenzte Möglichkeiten, Sie wissen ja wie die Behörden arbeiten und zweitens haben wir einen Jugendlichen, der uns große Sorgen bereitet!«

»Den habe ich mir schon angeschaut.«

»Ach so, damit hätte ich nicht gerechnet. Woher wissen Sie?«

»Ich bin bisschen eher hergekommen und habe mit dem Lutz geredet.«

»So? Hat er das zugelassen? Wo denn?«

»Auf dem Spielplatz vor dem Heim.«

»Und woher wissen Sie, dass er derjenige war?«

»Na ja, der saß völlig einsam, alle machten einen großen Bogen.«

»Das ist wohl wahr! Und was hat er gesagt?«

»Wir haben zusammen eine geraucht, dann habe ich mir vom Lutz das Heim erklären lassen.«

»Das ist ja interessant. Was hat er gesagt?«

»Ob ich jetzt sein Erzieher werde!«

»Echt?«

»Ich hab ja gesagt.«

»Und weiter?

»Das hier alle verblödet sind.«

»Und was haben Sie für einen Eindruck?«

»Kommt drauf an, er wird seine Gründe haben.«

»Das ist eine gute Einstellung.«

»Ich muss erst schauen, was in seinem Kopf passiert ist.«

»Ach hören Sie auf, das Personal ist völlig überfordert!«

»Was ist geschehen?«

»Der Junge stellt alles auf den Kopf, zündet das Haus an, klettert auf den First, kommandiert jeden, lacht alle aus und hört auf niemanden.«

»Und im Elternhaus?«

»Kapituliert, hat seine kleinen Schwestern vergewaltigt!«

»Welche Maßnahmen wurden bisher getätigt?«

»Alles ausgeschöpft!«

»Entschuldigen Sie, sind Sie der Heimleiter?«

»Nein, der Geschäftsführer. Sie benötigen die Heimleiterin nicht, Sie würden unabhängig arbeiten!«

»Was spielt die Heimleiterin für eine Rolle?«

»Die Qualifizierung! Sie ist Sozialpädagogin!«

»Ich werde Sie schon kennenlernen, erzählen Sie bitte von dem Jungen!«

»Sehr schwierig, er hatte jede Form psychiatrischer Behandlung, ohne Erfolg, eher entlassen, besser gesagt rausgeschmissen, es ging nicht mehr. Es gibt in Ostdeutschland keine Psychiatrie, die ihn noch nimmt. In den Altbundesländern war er auch. Er kennt alles. Fazit: Sogar der Westen hat versagt. Dem Personal sind die Nerven geplatzt! Somit sind Sie die letzte Hoffnung!«

»Was hat er für eine Diagnose?«

»Muss ich nachschauen, ‚auf enzephalopatischer Grundlage‘, immer neues Fachlatein! Wollen Sie in die Akten?«

»Kaputtes Gehirn?«

»Wenn Sie das so formulieren, wahrscheinlich ja, keiner will ihn!«

»Sie meinen, bevor man ihn erschießen darf, wenn ich das mal salopp sage?«

»Was soll ich da antworten?«

»Na gut, dann erschießen wir ihn eben nicht, ich mach den Job!«

»Sie müssen um die Verantwortung wissen. Es ist das erste Mal, dass in den neuen Bundesländern eine Einzelfallhilfe gewährt wird! Die Behörden haben gehörige Mittel bewilligt. So eine Maßnahme kostet richtig viel Geld! Sie sind demnach derjenige, der im Beitrittsgebiet die Maßstäbe setzt! Wissen Sie, wie viele Bewerber ich habe? Ich kann von denen keinen gebrauchen! Wenn Sie den Lutz nicht schaffen, scheitern wir alle!«

»Mit dem Lutz komme ich klar, wir sind uns einig, der wartet draußen. Über die Finanzen müssen wir noch reden!«

»Sie bekommen jede Unterstützung!«

»Na gut, da gehe ich dem Lutz Bescheid sagen, das wir uns geeinigt haben!«

»Warten Sie, da kann ich ihnen jetzt die Heimleiterin Frau Lüchtern vorstellen! –

Frau Lüchtern, können Sie mal kommen?«

»Ja, Herr Rahr, ich habe mich bereit gehalten!«

»Herr Geyer, wenn Sie was benötigen, Frau Lüchtern wird immer für Sie da sein!«

Mein Arbeitgeber war »Mitglied im Paritätischen Wohlfahrtsverband« – ein Import aus Berlin-West, der in der Randregion von Meißen als Entwicklungshelfer auftrat. So geschah es, dass ich ein Einzelhelfer entsprechend des Sozialgesetzbuches (SGB VIII), Artikel 1 des Kinder- und Jugendhilfegesetzes (KJHG) wurde:

»§ 35a Eingliederungshilfe für seelisch behinderte Kinder und Jugendliche

(1) Kinder oder Jugendliche haben Anspruch auf Eingliederungshilfe, wenn

1. ihre seelische Gesundheit mit hoher Wahrscheinlichkeit länger als sechs Monate von dem für ihr Lebensalter typischen Zustand abweicht, und

2. daher ihre Teilhabe am Leben in der Gesellschaft beeinträchtigt ist oder eine solche Beeinträchtigung zu erwarten ist.

Von einer seelischen Behinderung bedroht im Sinne dieses Buches sind Kinder oder Jugendliche, bei denen eine Beeinträchtigung ihrer Teilhabe am Leben in der Gesellschaft nach fachlicher Erkenntnis mit hoher Wahrscheinlichkeit zu erwarten ist. § 27 Abs. 4 gilt entsprechend.

(1a) Hinsichtlich der Abweichung der seelischen Gesundheit nach Absatz 1 Satz 1 Nr. 1 hat der Träger der öffentlichen Jugendhilfe die Stellungnahme

1. eines Arztes für Kinder- und Jugendpsychiatrie und -psychotherapie,

2. eines Kinder- und Jugendpsychotherapeuten oder

3. eines Arztes oder eines psychologischen Psychotherapeuten, der über besondere Erfahrungen auf dem Gebiet seelischer Störungen bei Kindern und Jugendlichen verfügt,

einzuholen. Die Stellungnahme ist auf der Grundlage der Internationalen Klassifikation der Krankheiten in der vom Deutschen Institut für medizinische Dokumentation und Information herausgegebenen deutschen Fassung zu erstellen. Dabei ist auch darzulegen, ob die Abweichung Krankheitswert hat oder auf einer Krankheit beruht. Die Hilfe soll nicht von der Person oder dem Dienst oder der Einrichtung, der die Person angehört, die die Stellungnahme abgibt, erbracht werden.«

Unten wartete der Lutz: »Und, haben Sie den Job?«

»Logisch, aber wir haben ausgemacht, dass du das dämliche Sie weglässt!«

»Muss ich mich erst dran gewöhnen!«

»Da fang mal damit an!«

»Haben Sie, entschuldige, hast du gar keine Angst vor mir?«

»Weil du ein Psychopath bist?«

»Genau, und noch viel schlimmer!«

»Es gibt solche und solche! Du bist kein hoffnungsloser Fall!«

»Weil ich dir noch keine Angst gemacht habe! Wird noch kommen, wetten?

»Nö, hab dich ja kennen gelernt, es reicht mir, wenn die Anderen Angst haben!«

»Woher willst du mich kennen?«

»Keine Angst, wir haben uns doch unterhalten, kannst mir glauben, bist schon in Ordnung!«

»Haben die dir nichts erzählt von der Psychiatrie und so?«

»Ich halte nichts davon. Du hast mit denen sowieso gemacht, was du wolltest!«

»Das stimmt! Alles Idioten!«

»Genau, du hast sie eine Weile verarscht, gereizt, gedemütigt, ihre Grenzen aufgezeigt und weg warst du!«

»Na und, wenn die das mit sich machen lassen?«

»Ist kein Problem für mich! Ich freue mich auf dich.«

»Da bist du aber der Erste!«

»Wird ja mal Zeit! Ich mach jetzt los, wir sehen uns!«

»O. k., wann kommst du?«

»Ich muss erst mal kündigen! Geht bestimmt schnell. Nächste Woche?«

»Montag?«

»Denke schon, dürfte klappen, wenn nicht, ruf ich dich an! Klaro?

»Gebongt!«

»Und merk dir, ich heiße Falk, sonst sprech ich dich mit Sie an und Herr Lückert!«

»Oh, nicht so einen Scheiß, da denk ich gleich an meine Eltern!«

»Da reden wir später drüber. Hast du noch was Ordentliches zu sagen?«

»Nee!«

»Denk nach!«

»Mach's gut Falk!«

»Geht doch! Also, bis dann, Lutz, und lass die hier derweil am Leben!«

»Mach ich!«

Das ehemalige Herrenhaus diente seit 1945 als Kinderheim. Vom zentral oberhalb des Triebischtals gelegenen Bergrücken bot sich ein schöner Blick. Der im dörflichen Umfeld zweigeschossige barocke Putzbau mit Mansardenwalmdach wirkte majestätisch. Ich hatte Frau Lüchtern angerufen, dass ich Montag 8 Uhr kommen würde. Frau Lüchtern war schmächtig und schüchtern. Sie entstammte dem ersten Jahrgang, der die Berufsbezeichnung »Sozialpädagoge« verdiente. Sie wusste nicht, was sie mir erzählen sollte. Ich konnte mir nicht vorstellen, wie sie eine Dienstberatung führte.

Mein Dienst war völlig abgekoppelt von den Heimabläufen. Ich sagte: »Mal sehen, muss mich orientieren, die Tagesabläufe werden sich ergeben!«

Sie meinte, ich würde vom Lutz erwartet. Es wäre ein Wunder, dass nichts Schlimmes seit meinem Erscheinen passiert wäre. Alle Kollegen setzen große Hoffnungen in mich und ob eine Kollegin mich jetzt hoch führen könne?

Ich fragte:

»Wo ist Herr Rahr?«

»In Berlin-West.«

»Wann kommt er wieder?«

»Gar nicht.«

»Wieso?«

»Das ist bloß unser neuer Träger.«

»Verstehe ich nicht.«

»Na ja, die bezahlen uns, die Arbeit machen wir.«

»Kann ich daraus schlussfolgern, Sie sind alle unterbezahlt?«

»Seit der Wende hat sich nichts geändert, bis auf den Trägerwechsel.«

»O. k., ich verstehe! Das konnte ich nicht wissen, tut mir leid.«

»Wissen Sie, in unserer Region gibt es sonst keine Arbeitsplätze.«

»Und was ist mit den ganzen Bauvorhaben? Ich sehe nur provisorische Gipskartonwände.«

»Die Handwerker kommen nicht mehr. Mehr weiß ich auch nicht.«

»Gibt es keine Architektenpläne?«

»Mich dürfen Sie das nicht fragen. Ich weiß es nicht! Es ist mein erster Job. Das ist alles in den Händen von Herrn Rahr.«

»Ja aber, wenn er nicht da ist?«

»Er hat ganz sicherlich andere Aufgaben.«

»Na gut, dann gehe ich mal zum Lutz.«

Ich dachte an Arthur Schopenhauer († 1860):
»Es liegt am Tage, dass bei Ihnen Wort und Tat, Versprechen und Halten, zwei sehr verschiedene Dinge sind. […] Ich habe nicht des Honorars wegen geschrieben, wie die Unbedeutsamkeit des Selben von selbst beweist; Sondern um ein lange durchdachtes und mühsam ausgearbeitetes Werk, die Frucht vieler Jahre, ja eigentlich meines ganzen Lebens, durch den Druck zur Aufbewahrung und Mitteilung zu bringen. Woraus folgt, daß Sie nicht etwa mich anzusehen und zu behandeln haben wie Ihre Konversationslexikons-Autoren und ähnliche schlechte Skribler, mit denen ich gar nichts gemein habe als den zufälligen Gebrauch von Tinte und Feder.«

»Guten Morgen Lutz, ausgeschlafen?«

»Geht schon.«

»Bei dir sieht es aus wie im Schweinestall!«

»Ich weiß!«

»Du brauchst eine neue Zimmereinrichtung.«

»Wo wollen Sie die hernehmen?«

»Stop, wir hatten eine Abmachung!«

»Ach so, ja, o. k., wie willst du das machen?«

»Wir gehen zu Frau Lüchtern.«

»Die ist doch unfähig!«

»Meinetwegen, aber willst du so wohnen?«

»Nee.«

»Lass mich mal in die Schränke schauen.«

»Die Türen klemmen!«

»Da ist ja nur Müll drin! Bist du Punker oder Rocker? Wir müssen dich neu einkleiden! Welchen Stil willst du? Du bist fast erwachsen und läufst rum wie Dreck!«

»Neue Klamotten, das ist ewig her, von welchem Geld?«

»Dir steht Bekleidungsgeld zu und noch mehr. Muss ich abklären!«

»Was machen wir heute?«

»Wann warst du das letzte Mal in der Schule?«

»Lange her, ich weiß es nicht, zwei Jahre her vielleicht?«

»Deine Eltern, ich will dein Zuhause sehen!«

»Warum? Willst du die ausfragen?«

»Mich interessiert deine Vergangenheit nicht! Im Gegenzug siehst du meine Familie!«

»Sie wohnen gleich im Dorf, sie lassen uns nicht rein!«

»Du irrst dich, da kannst du mir gleich die Umgebung zeigen und ich will alles sehen, wo du zu erreichen bist, falls du mal wieder abhaust! Zieh dich ordentlich an, ich hol das Auto, du wartest unten!«

»O. k.!«

»Frau Lüchtern, kann ich Sie kurz sprechen?
1. Er stellt mich jetzt seiner Familie vor.
2. Danach zeigt er mir, wo er untertaucht, ich muss seinen Freundeskreis kennen.
3. Wir müssen sein Zimmer einrichten, so findet er keinen Bezug.
4. Ich brauche 400 DM Bekleidungsgeld, wir fahren nach Dresden.
5. Welches Dienstfahrzeug kann ich nehmen?«

»Wir haben kein Dienstfahrzeug!«

»Wieso, steht doch unten?«

»Das darf nur ich nutzen.«

»Dann muss das geändert werden!«

»Ich glaube nicht, dass Sie da eine Chance haben.«

»Besprechen Sie bitte alles mit Herrn Rahr! Das ist dringend!«

»Ich rufe ihn an. Auf dem Boden sind alte Möbel und mit dem Geld – ich erkundige mich!«

»Wieso erkundigen, Sie müssen doch wissen, wie sein Etat ist!

»Nein, das ist nicht so bei uns!«

»Dann geben Sie mir mal die Autoschlüssel, das nehme ich auf meine Kappe!«

»Wie schon gesagt, bei uns geht das alles nicht, ich darf nicht!«

»Gut, da benötige ich einen Dienstreiseauftrag und fahre privat.«

»So etwas kennen wir hier nicht.«

»Da fahre ich jetzt auf eigene Kappe! Bitte besprechen Sie alles, ich muss flexibel sein.«

»Ich versuche es!«

Bei den Eltern von Lutz tranken wir Kaffee. Die Schwestern (im Unterstufenalter) umarmten ihren Bruder. Es waren anständige Leute. Fleißig, mit Liebe und Schweiß noch mit ihrem Hausumbau beschäftigt. Ich war ihre Hoffnung. Sie winkten zum Abschied.

Nach zwei Wochen war das Zimmer zum Wohlgefallen. Die jugendlichen Mitbewohner übten sich als Packer. Die großen Mädchen hatten auch keine Mühe gescheut. Das brachte im Heim die Tagesstrukturen durcheinander. Jeder wollte von seiner Wohngruppe weg, um dem Lutz zu helfen. Das gefiel dem Erziehungspersonal nicht. Sie sahen ihre Autorität gefährdet.

Der Lutz rauchte nicht mehr im Zimmer. Er hörte auf niemanden, außer auf mich. Alle Touren fuhren wir in meinem privaten PKW. Viel Bekleidungsgeld bekam er nicht. Trotzdem, für neue Jeans und Kleinigkeiten reichte es. Er begann, gepflegt zu erscheinen.

Ich schrieb eine Konzeption. Ein streng geregelter Urlaubsaufenthalt in den Alpen sollte ihn körperlich ertüchtigen. Danach war eine Schuleingliederung geplant. Ich bekam keine Antwort. Meine Ausgaben für Benzin wurden nicht erstattet. Frau Lüchtern flüchtete sich in Ausreden. Herr Lückert war telefonisch nicht zu erreichen.

Lutz kannte meine Planung. Wir warteten auf die Genehmigung. Sie blieb aus. Er langweilte sich, wenn ich nicht da war. Dann trieb er sich rum. Ich bekam Anrufe, er sei verschwunden. Auf dem Dörflichen sind weite Strecken zu bewältigen. Ich fand ihn in einer Ruine am Lagerfeuer. Er stellte mich vor. Alle nickten freundlich. Der Lutz sah wieder hilflos und verwahrlost aus, wie sein Umgang. Es war eine Subkultur, die es in der DDR nicht gab. Die heruntergekommenen Obdachlosen luden mich zum Essen ein. Ich lehnte ab. Sie ermutigten mich:

»He du, du bist unser Freund, du isst uns nichts weg!«

»Ich hab schon, gib mir ein Bier.«

»Du störst dich am Katzenfutter, stimmt's? Ich sage dir, das Zeug ist billig, aber schmeckt!«

»Lutz, es ist 23 Uhr, soll ich dich mitnehmen oder schläfst du hier?«

»Ach, ich schlaf gleich hier.«

Er wurde bestärkt: »Früher haben die auch im Heu geschlafen, wir sind Frost gewöhnt!«

Ich sagte, müsse zu meinen Kindern. Dafür hatten sie Verständnis.

Tagelang gab ich per Fax Lageberichte und forderte Konversation. Die bekam ich nie, weder von Frau Lüchtern, geschweige aus Berlin. Das hielt an. Nachts klingelten mich Anrufe raus: Dringlichkeitsstufe 1, Lutz saß wieder mal auf dem Walmdach, ließ keinen ran und wollte springen. Ich fuhr los, wir unterhielten uns:

Arthur Schopenhauer: »Nun ist diese Welt so eingerichtet, wie sie sein mußte, um mit genauer Not bestehen zu können. Wäre sie aber noch ein wenig schlechter, so könnte sie schon nicht mehr bestehen.« Und: »Erkenntnis der Einheit aller Wesen und Askese, Verneinung des Willens zum Leben allein kann uns erlösen, nicht der Selbstmord, der nur die individuelle Erscheinung des Allwillens vernichtet.«

Das Lagerfeuer wärmte uns. Wir verabschiedeten uns. Ich sagte zum Freundeskreis:
»Ihr habt jetzt Verantwortung! Passt mir auf den Jungen auf! Ich bin morgen auf dem Jugendamt! Es wird einen Bericht mit Verdacht auf Wirtschaftskriminalität geben!«
»Was wird dann aus dir?«
»Ich unterschreibe damit meine Kündigung!«
»Und dann?«
»Dann bin ich arbeitslos.«
»Kannst zu uns kommen.«
»Hab Familie.«
»Willst du ne Dose mitnehmen?«

Mein Schreiben hinterließ nachhaltige Wirkung. Der Freistaat Sachsen bildete eine Kommission. Es wurden Richtlinien zur Genehmigung und Handhabung des §35a zur Einzelfallhilfe erarbeitet. Der »Berliner Investor« zog sich zugunsten eines sozialtherapeutischen Rehabilitationszentrums und Wohnheims für Suchtkranke zurück.

Bekannt wurde das Munziger Kinderheim 2006 durch den Film »Die Frau vom Checkpoint Charlie«, mit Verona Ferres in der Hauptrolle. 1982/83 waren die Töchter von der wegen Republikflucht verurteilten Jutta Gallus hier untergebracht.

43. Servus

Servus (Sklave, Diener) ist ein unauffälliges Wort zur Völkerverständigung. Es wird international verwendet in: Transsylvanien, Kroatien, Ungarn, Polen, Österreich, in der Slowakei und vielen Bundesländern Deutschlands. Die Benutzung erfolgt unter Freunden, guten Bekannten und Angehörigen gesellschaftlicher Eliten. Für mich war der Begriff ein Synonym für meinen Abschied von Sachsen. Mitte der 1990er Jahre zogen wir in die Nähe von München.

In Moritzburg war die evangelische Fachklinik »Heidehof« und Weiteres für Suchtkranke entstanden. 1997 verkündeten die Medien, dass der Rektor und Vorsteher des Diakonenhauses und leitendes Mitglied der Evangelisch-Lutherischen Landeskirche Sachsens, Roland Adolph, mit seiner Frau Petra und dem Hund Hedda durch mehrere Pistolenschüsse aus nächster Nähe im Wald getötet worden waren. Roland Adolph war an der Sichtung der Stasi-Unterlagen beteiligt. Aufgrund von DNA-Proben wurde vier Jahre später ein Dresdner zu lebenslanger Haft verurteilt. Fragen zum Tatgeschehen und Mittäterschaft sind bis heute offen.

Meine Einstellung im Franziskuswerk Schönbrunn verzögerte sich. Ich bestand darauf, dass für meine Angela zum selben Termin ein Tätigkeitsbeginn garantiert wird. In der Zwischenzeit beschäftigte mich die Louisenstift gGmbH – Kinderheim im Diakonischen Werk Sachsen und anerkannter Träger der freien Jugendhilfe:

Arbeitszeugnis

Herr Geyer war vom 1.6.1996 bis 31.8.1996 in unserem Kinderjugendträger als Erzieher im Arbeitsfeld betreutes Wohnen/ Erziehungsbeistand tätig.

Er hat sich außerordentlich schnell in diese Aufgabe eingearbeitet. Seine fachliche Kompetenz ist anerkennenswert. Kollegiale Anregungen wurden von ihm konstruktiv umgesetzt. Er arbeitete selbständig und mit Überblick. Die übertragenen Aufgaben erfüllte er zur vollsten Zufriedenheit.

Wir bedauern das Ausscheiden von Herrn Geyer und wünschen ihm für seinen weiteren Weg alles Gute.

I. Rusch
Geschäftsführer   Königsbrück, den 14.08.1996

Das Franziskuswerk Schönbrunn fand ich als eine in sich geschlossene Anlage vor. Hier waren 1.000 Mitarbeiter beschäftigt, um 900 Menschen mit Behinderung zu betreuen, alles in landschaftlich reizvoller Umgebung. Im Zentrum der komplexen Einrichtung lag erhaben die Ordenskirche mit dem prächtig herausgeputzten Schloss. Seit der Gründung 1862 durch Viktorine von Butler-Haimhausen arbeiteten hier die heiligen Schwestern an ihrer Mission:

»Herr Geyer, Sie haben sich als Wohngruppenleitung beworben. Als Führungskraft müssen Sie einer Konfession zugehörig sein.«

»Das klär ich mit dem bischöflichen Leiter der Diözese.«

»Hier im streng katholischen Bayern?«

»Das bespreche ich mit dem Priester.«

»Wo wollen Sie leben, im Umfeld gibt es keinen Wohnraum.«

»Das kläre ich gleich mit!«

»Na, da bin ich ja gespannt!«

Von Schönbrunn war Röhrmoos in wenigen Minuten zu Fuß erreichbar. Die kleine Ortschaft liegt 25 Kilometer nordwestlich von München und verfügt über einen S-Bahn-Anschluss. Der zum Bistum Freising gehörende Geistliche hörte sich mein Ersuchen mit Entsetzen an.

»Sie können doch nicht einfach kommen und plötzlich römisch-katholisch sein!«

»Wieso nicht, ich bringe alle Voraussetzungen mit!«

»Sie kommen aus der DDR, waren nie in einer Kirche und denken, Gott lässt das zu?«

»Ja! Natürlich, ich erkläre es Ihnen.«

»Wie wollen Sie mir ein Glaubensbekenntnis liefern?«

»Ich habe sogar ein höheres als Sie!«

»Wie soll das heißen?«

»Passen Sie mal auf Herr Pfarrer, stellen Sie sich vor, herrlicher Sonnenschein, Sie gehen durch den Wald, ein Käfer krabbelt über Ihren Weg, er bemerkt Sie nicht, Sie aber bemerken ihn, er läuft weiter, Sie lenken ihren Schritt bewusst darüber, er hat das nicht registriert, Sie wollten ihn nicht verletzen und genau so ist das mit dem Regenwurm, er ist nicht in der Dimension, wo er uns bemerkt, und wenn es diese vielen Dimensionen nach unten gibt, dann gibt es diese Dimensionen über uns, weit nach oben offen, wir nehmen sie alle nicht wahr, sie heißen alle Gott, aber wenn wir anderswo aufwachsen, ändert sich der Name, wir sind vielleicht im Himalaya, in Indien, egal wo, es ist immer der selbe Gott, immer die höhere Dimension, nur die Völker sprechen eine andere Sprache und der Gottesbegriff heißt anders, aber ich und Sie, wir sind auch nur kleine Regenwürmer! Verstehen Sie das? Wir müssen alle unsere Füße mit Bedacht setzen! Das ist Gott! Ist das für Sie ausreichend?«

»So was habe ich noch nie gehört!«

»Aber das ist logisch!«

»Wir haben so etwas noch nie gemacht! Ich müsste Taufe, Firmung, Eucharistie irgendwie verbinden!«

»Wann soll ich mit meiner Familie kommen?«

»Ziehen Sie erst mal um!«

»Wollen Sie meine Familie nicht erst kennenlernen?«

»Nein, Sie reichen mir völlig aus!«

»Da wird sich aber meine Frau freuen!«

»Ich muss mich jetzt ausruhen! Gott zum Gruß an Ihre Frau!«

44. Dimensionen

September 2011: »Genf – Dieses Experiment könnte die Physik auf den Kopf stellen! Hat sich der Nobelpreisträger Albert Einstein (1879–1955) mit seiner »Relativitätstheorie« etwa geirrt? Wissenschaftler am Kernforschungszentrum CERN bei Genf haben erstmals Elementarteilchen beobachtet, die schneller sind als Licht (299.792,458 Kilometer pro Sekunde).

Die CERN-Physiker jagten drei Jahre lang winzige Elementarteilchen (Neutrinos) über eine 732 Kilometer lange Strecke zu einem Labor in der Nähe von Rom. Neutrinos sind so klein, dass sie mühelos durch die gesamte Erde flitzen können. Forscher aus dreizehn Ländern stoppten ungläubig die Zeit. Nach 15.000 Messungen stand fest: Neutrinos sind mit 2,4 Tausendstelsekunden für die 732 Kilometer genau 60 Nano-Sekunden (Milliardenstelsekunden) schneller als das Licht.

Möglicherweise, so eine Theorie, nehmen die Teilchen eine Art ‚Abkürzung' durch eine andere Dimension. «

45. Nachwort

Ich war noch mal beim Lutz. In Munzig sprachen wir über die Armut. Diese Benachteiligung (Nahrung, Obdach, Kleidung) muss nicht gleichbedeutend sein mit einem frühen Tod. Zur Lebenserwartung gibt es eine »Energieverbrauchstheorie«. Sie besagt, je mehr ein Lebewesen proportional zum Körpergewicht isst, desto kürzer lebt es. Alle Menschen, die ein hohes Alter erreichten, haben sich ärmlich ernährt.

Methusalems mit wissenschaftlicher Anerkennung:
- Shigechiyo Izumi aus Japan erreichte 120 Jahre († 1986)
- Jeanne Louise Calment aus Frankreich wurde 122 Jahre († 1997)

Weitere bekannte Methusalems waren:
- Thomas Parr/»Old Parr« (1483–1635) wurde 152 Jahre, damalige Attraktion, er ist im Londoner Westminster begraben (eine Ehrung durch Karl I.).
- Der chinesische Professor Li Chung Yun (1680–1933) ist angeblich im Alter von 256 Jahren gestorben. Er hatte 24 Ehefrauen und erhielt von der chinesischen Regierung zum 150. und 200. Geburtstag Gratulationen.
- Ali Salehi (Iran) soll bis 1959 exakt 195 Jahre alt geworden sein.
- Kolumbien widmete Javier Pereira (1799–1958) sogar eine Briefmarke.
- Der Aserbaidschaner Shirali Mislimov, gestorben 1973, will mit 136 Jahren geheiratet und später eine Tochter gezeugt haben.

Nach Darwins Evolutionstheorie sind wir Säugetiere. Im Tierreich errechnet sich die durchschnittliche Lebenserwartung, indem die Entwicklungszeit bis zum Erwachsensein den Multiplikator 7 bis 10 bekommt (18 Jahre x 8 = 144 Jahre / 20 Jahre x 8 = 160 Jahre).

Galina Schatalova (* 1916) Ärztin, ehemals Chefin der UdSSR Kosmonauten-Auswahlkommission, Autorin des Buches »Wir fressen uns zu Tode«, lief 1990 zum Beweis mit ihren Patienten 500 Kilometer zu Fuß durch die Wüste.

Früher wurden im Himalaja zum Tode verurteilte Menschen (weil man nicht mit der Hand töten durfte) nur rein fleischliche Kost gereicht.

Die durchschnittliche Lebenserwartung russischer Männer beträgt 59 Jahre (Alkohol).
Danach verabschiedeten wir uns!

Falk Köhler

Die Abenteuer des F.G.
Ausgetrickst, Band I

Es ist ein Schelmenroman, der in seiner lockeren humorvollen Art und
Weise geschrieben ist, wie noch nicht zuvor bekannt.
Der Roman ist mit allerlei Wissenswertem angereichert, pädagogisch
wertvoll, reflektiert sozial-psychologische und -politische Hintergründe
und zeichnet einen Entwicklungsweg, der dramatisch in einem gefährlichen Spiel mit der NVA, den medizinisch-diagnostischen Diensten
und der Staatssicherheit endet, wo offen ist, ob der Plan erfolgreich ist.

ISBN 978-3-86237-650-6   Hardcover
Preis: 17,50 Euro   218 Seiten, 14,5 x 20,2 cm

Heidemarie Bucki

Das Lager

Im Nachlass des Vaters findet die Autorin Unterlagen über das gleich nach den 2. Weltkrieg errichtete größte Heimkehrerlager des Ostens für deutsche Kriegsgefangene in Frankfurt/Oder.

Längst verschüttete Erinnerungen werden wach und sie fährt spontan in die Stadt ihrer frühen Kindheit, um Spuren zu suchen.

Nach fast dreijährigen Recherchen entsteht eine authentische Erzählung zum Aufbau und Funktionieren dieses mit primitivsten Mitteln errichteten Durchgangslagers, das für 1,8 Millionen Menschen nach Gefangenschaft oder Flucht erster sicherer Anlaufpunkt auf deutschem Boden war.

Der Vater der Autorin wird dieses Lager, das er von Anfang an mit aufbaute, später leiten. Die Familie wohnte in bitterer Not gegenüber der Entladestelle der heimkommenden Soldaten.

Hautnah, nur durch eine Straße getrennt, erlebt auch das Kind (die Autorin) das Elend der »grauen Männer«.

ISBN 978-3-86634-602-4   Hardcover/Leinen
Preis: 18,50 Euro   298 Seiten, 14,5 x 20,2 cm